后浪

超越时代的股市传奇
里昂·利维自述

股价为什么会上涨

[美] 里昂·利维 (Leon Levy)   尤金·林登 (Eugene Linden) 著

萧达 译

群言出版社
QUNYAN PRESS
·北京·

献给我的父亲杰罗姆，

以及我的哥哥杰伊和我的侄子大卫，

是他们让父亲的经济学思想闪耀至今。

THE MIND
OF
WALL STREET

目 录

THE MIND
OF
WALL STREET

前 言

阿兰·阿贝尔森 (Alan Abelson)

华尔街有许多可供解读之处。在 20 世纪 90 年代末期，华尔街充斥着令大众神往的贪婪梦想，它引诱理智之人沉迷于臆想的财富狂欢。在这个过程中，它唆使会计师伪造账目，把股票分析师变成了引人上当的骗子，怂恿并助长了美国企业最卑劣的阴谋。而在这些可怕的罪恶之中，最不可原谅的也许还是那些亿万富翁乏味、糟糕的投资书籍的畅销。他们急于将自己虚饰的成功和寡淡的沉思，事无巨细地全部强加于大众。

就我所知，目前尚没有关于这些异常糟糕的书籍为何能洛阳纸贵的科学研究。而书籍的作者，除了积累巨量财富的能力外，与大众最大的不同还是他们莫名其妙的高度自恋。且不论他们身上有着什么样的美德——就算普通大众也或多或少都会有一些——逻辑连贯和表达清晰的确不是他们的优点。事实上，不少人已经用自身生动的实例向我们证明，文盲不仅能够写书，而且还能够让自己的书流行。

不管怎样，这个世界上最不需要的就是再多上一本如此糟糕的书了，更别说是一本这样糟糕的投资书。即便是那些最自虐的人，也都已经餍足了，但这些书的数量却日复一日地攀升。如果你觉得这是在推崇这本《股价为什么会上涨》，以及本书的杰出作者里昂·利维 (Leon Levy) 的独特方式——那么，是的，当然如此。然而，这本书的诱人之处，不仅仅在于它是如此鲜明地不同于那些源自华尔街文盲的平庸努力。正如里昂·利维能够从普通投资专业人员中脱颖而出一样，他的成功并不寻常。

一位拥有不倦好奇心和非凡洞察力的旁观者的金融回忆，一位投资大师精微且务实的投资指南，一位在市场呼风唤雨的主导者的人类心理学审视。这本书抛弃了令人烦闷到窒息的学究气，一如远离地狱的天堂。更为重要的是，它是纯里昂式的：如话家常般东拉西扯，包罗万象又诙谐有趣，并且没有丝毫居高临下的傲慢。整本书涵括众多作为调剂品的奇闻逸事，关于这个动荡而不平凡的时代里的金融大佬和金融流氓（也许"金融流氓"这个词只是重复的多余）；里昂对其中的许多人，都有过近距离的观察，他还与不少人交过手。

"信息透明"是近期的风靡之物，所以，为了充分地信息披露，我也愿意坦白一些我与里昂·利维之间私密的交往细节。自高中和大学起，我和里昂就彼此相识了。热心而慷慨、睿智而深思、精妙绝伦的自嘲、对世间万物的不懈好奇，以及具有启发性地看待事物的诡异角度，所有这些品质让里昂成为了一个极不平凡的人，也让他的叙事趣味横生。

"三岁定终身"，六十年前和里昂一起就读于唐森德哈里斯高中 (Townsend Harris High School) 时，我就已经能从他身上看到这些品质了。特别是他读书时发呆的样子，通常来说这应该被称为"心不在焉"，但他狡黠地辩称自己并非在开小差，而是在"沉思其他的事情"。

里昂是一个勇敢的人，他所选择的话题证明了这一点：华尔街精神。男人，用直截了当的方式谈论问题！尽管，里昂的典型风格是他先发制人的机敏回击——当把华尔街与精神置于一处，必然会导致不可规避的裂隙。他很快就解释说，他是唯一有资格诊断华尔街心理问题的人，因为在大学期间，他的异常心理学课程获得了 A$^+$ 的成绩。

对于经济学界和股票市场这两者来说，本书所大致涵盖的 50 年是真真正正划时代的。经济学和股市之间大范围结合，多产而又变化繁多，因为太过惊人而令人眼花缭乱。里昂巧妙地描述了这种联姻，读来让人兴味盎然。而这不是束缚经济学界和股票市场的"大萧条"心态终于消散后，早期所发生的将会塑造这整个 50 年的重大事件所能涵括的。

接下来的几十年的代表可以说是创新和过剩、爆炸性增长和腐蚀性衰退。正如现实世界所发生的那样，20 世纪 60 年代的华尔街同样处于狂躁时期。它开始于一段崩溃了的投机狂潮，最后却又以另外一段更加疯狂的投机狂潮的破产而告终。20 世纪的 60 年代在许多方面都是 90 年代末的彩排：基金经理被当作时代英雄而加以颂赞；工商业的巨头们利用会计花招来粉饰自家股票；企业通过并购来创造业绩增长幻觉的贪婪欲望；IPO（首次公开募股）的疯狂开启以及随之带来的种种罪恶；投机病在华尔街和美国企业之间的交叉感染。

20 世纪 70 年代以 60 年代问题的恶化为开端，但暴露的问题也更加集中，之后结束在经济和投资的截然对立中。这 10 年以美元贬值和石油禁运为特征，两者互为因果，触发了惊人的通货膨胀，而这本可以成为美国经济中的一个改良因子；同时，这 10 年又表现出了最有趣也最疯狂的一面，从漫画书到金币，各式各样的收藏热席卷全国。

20 世纪 80 年代，吸取种种经验教训后的人们开始变得从容，因此这 10 年也成为了新世纪头几年的小型预演。其中最为闪耀的是，它们让企业大亨戴上手铐的深刻见解（那个时代的大亨是华尔街的投机商，而如今这个时代的大亨更多的是大型企业的 CEO 们——但毫无疑问，不同身份外表下的他们，其本质不会有任何不同）。这 10 年也是金融工程的巨型孵化器，用诸如垃圾债券这种奇妙文物丰富了人类社会，并以投资组合保险这一精巧策略给予投资者绝对豁免权（参考 1987 年 10 月 19 日发生的事情）。

20 世纪 90 年代的巨大泡沫影响了近半数的民众，他们至今记忆犹新，泡沫破裂后的碎片仍然能从当下社会中找到。它对经济、对数百万的投资者造成的创伤依旧深及肌理。它就像是整个国家在那四五年的时间里都陷入了疯狂——对于我这样的业内旁观者来说，这其中蕴含了巨大的乐趣；而对于任何一个像里昂这样的"异常心理学"研究者来说，它又是完美的研究材料。

前述所有内容表明，里昂是一个温和的怀疑论者，一个宽容、有趣却又尖锐的人类学观察者。在华尔街，他不可能再找到一个更加丰满的 50 年来让自己沉浸其中。而他的沉浸绝对能让这本书的读者收获颇丰。在此，我必须援引一例：长期资本管理公司 (Long Term Capital Management) 的崩溃，危及了全球金融系统的稳定，对其原因，里昂做出了最出色、最简明而又最清晰的阐释。

然而，《股价为什么会上涨》对读者的真正馈赠，是让他们了解到里昂·利维其实是一个友善、渊博并且才华横溢的人。多年以来，这是我们这些与他相伴左右的人，才能享有的特权。

引 言

　　在我生命中最美妙的时间里，我阅读了历史上曾有过的许多大繁荣和大萧条的文献——南海泡沫、郁金香热、1929 年的股市大崩盘。但是，在20 世纪 90 年代末，我知道属于我的泡沫终于来了。

　　我的一生有两个挚爱：一个是股票市场，另一个则是心理学。任何事情的发生都起源于人们的种种决策。**如果不去探究背后驱使人们付诸行动的心理，即便是大泡沫也不值得去探讨。市场情绪不仅能影响股票的价格，也会决定企业的命运。**

　　互联网股票的疯狂使我相信，最重要的时刻就要来临了。市场上发生的一切，我们加诸在自己身上的困厄，以及这可能会将我们引向的终点，所有这一切都需要我们来认真应对。

　　所以，在 2000 年初，随着纳斯达克 (Nasdaq) 和道琼斯 (Dow Jones) 指数双双冲至历史最高位，我决定写一本书来谈谈我的两大爱好。

两年半后，也就是 2002 年的夏天，20 世纪 90 年代股市狂热后的金融大清算势头日益增长。我们有幸看到了这样的景象：早前曾助推削弱市场和会计监管的国会议员，现如今却对诸如安然 (Enron)、阿德菲亚 (Adelphia) 和世通 (WorldCom) 这些大公司的高管们怒气冲冲。这些高管们利用国会的松懈和投资者的疏忽把金钱送进了自己的口袋。还有大量分析师试图向我们解释，他们是如何在私人邮件中贬低一只股票，同时又在公开发表的声明里维持其最高的购入评级，即便他们推荐的公司已经濒临破产；我们看到一家又一家公司在因缺乏资金而面临债务违约的关键时刻，利用账目欺诈来报告虚假盈利；我们还看到有大量的会计师似乎在一夜之间发觉，会计学基础其实是非常高深的知识。

如果不是股市自峰值以来，已经有 7 万亿美元左右的市值被蒸发，并且无数美国人的梦想和退休计划因之破产，这样的装腔作势其实是非常具有娱乐性的。更糟糕的事情还在后头。50 年的金融经验练就的直觉告诉我，我们正在排演莎士比亚的五幕悲剧。而现在，我们还只演到了第三幕。股票价格也许已经从它令人眩晕的高度降了下来，但无论是消费者还是投资者，至今都未能意识到笼罩在金融世界里的债务阴云所带来的风险，这才是最令人窒息的。他们也没能认清，几乎每一行业都背负着过剩产能和闲置工人问题的全球市场，其竞争难度必然只会越来越大。即便如今的物价已经大打折扣，市场也仍然未能消化过去几十年来大量涌入的国外资金。这些资金正在退潮，并且可能已经开始流出。消费者们此时才刚刚开始缩减开支（这是困难时期几乎不可避免的现象，并且会驱使我们步入戏剧的最后一幕）。

当然，我们曾经身处这样的境地，这是有利的一面。不利的一面是，这里所谓的"曾经"还是在 20 世纪 30 年代，当时我们花费了 10 年的时间和一次世界大战才得以消化 20 年代的过剩产能。我们还经历过其他的繁荣和萧条时期——摇摆起舞的 60 年代，经济腾飞的 80 年代，以及 80 年代那些臭名昭著的罪犯们，伊凡·博斯基（Ivan Boesky）、迈克尔·米尔肯（Michael Milken）等。

这样的历史重复点明了一个更加巨大的古老命题：繁荣滋生松懈，松懈滋生不可信的数据，最终，这些不可信的数据又引发时代的衰败。这种简单明了的市场节奏和人性之贪婪一样，都是可以预见的。股票价格勇攀高峰时，监管和会计的懈怠会被轻易忽略，但正因为企业会偷工减料、隐藏开支（目的是保持股价的持续上涨，这样高管们才能够行使期权、套取现金），人们设立了清算日制度。在某个时间点上，银行、债券持有人或其他投资者会要求企业提供他们能够偿还债务的证明。这是狂欢结束、宿醉开始的时刻。市场疲软时，夸大收益和减少监管的确会变得非常重要。

出场的反派也已经见怪不怪了。随着时间的推移，那些资本的持有者开始习惯这样的事情：最激进、最具煽动力的融资者并不一定就是最审慎的。公众也渐渐领略到了金融界长期以来的作为。20 世纪 90 年代末，我们目睹了这样的现象：寡廉鲜耻者开始将他们的罪恶之手伸向美国的普通民众，把他们作为资金的来源。这些人所利用的，恰恰就是投资新手和蒸蒸日上的股市之间的甜蜜初恋。花言巧语的推销者——同时也是受人尊敬的经纪公司和共同基金公司——大谈"新典范"和网络股的无限潜力，诱使普通民众购入这些股票。

没有谁有借口声称，他们没有看到灾难即将降临的预兆。《华尔街日报》《巴伦周刊》和《纽约时报》都敏锐而负责地报道了会计监管的疏忽以及保证金借贷的风险。恰恰是在市场过热的90年代末，金融媒体多次发出警告，在热浪的下面还潜伏着其他的怪物。借用鲍勃·多尔 (Bob Dole) 的一句话来说就是，"愤怒何在"？现在这场金融骗局已经吞噬了投资者数万亿美元的资金，所有人都想要收紧会计标准，并消除其他的监管弊端。历史告诉我们，政府只会在市场崩溃后才开始执行更为严格的监管标准，400年来始终都是如此。

一个直线上升的股市让民众对于坏消息充耳不闻，而在一个下跌的股市里，没有人会相信好消息。里根政府在执政初期，饱受经济衰退之苦的困扰。彼时的人们丝毫没有察觉到，因为股价达到了20世纪的平衡，经济衰退其实代表了一次购入股票的绝佳机会。1982年的投资者对于先前10年间动荡的股票市场仍旧愤愤不平，他们发现自己在心理上很难接受一头扎进股市里。《纽约时报》的弗洛伊德·诺里斯 (Floyd Norris) 注意到，第一波士顿 (First Boston) 的研究主任詹姆斯·弗里曼 (James Freeman) 曾警告说股市正蓄势做一次"极限跳水"，而这恰恰是接下来20年宏伟牛市的开始。

投资者经常被弗里曼这种预言灾难的专家吓倒。1982年，美国正经历一次严重的经济衰退，但正是在这一年，70年代的通货膨胀终于被驯服。

70年代的大多数时候，通货膨胀都在瓦解人们对于经济和美元的信心。一旦美联储限制货币供应的政策击溃了通货膨胀的中坚力量，利率就会下调。新的里根政府还降低和减少了过去束缚企业发展的税率和法规。如果1982年的投资者能够想到自己处在一个低利率、商业友好，而非一个高利率、监管严格的大环境下，他也许就会预感到即将到来的资本投资的激增，而这将会在未来几年极大地促进利润的增长和股票价格的飙升。

但是，考虑到时代的心理、情绪，投资者场外观望的做法完全是合情合理的。投资者非常善于辨识过往的情绪——例如，咆哮的20年代，大萧条、摇摆起舞的60年代——但却往往对当下的市场心理不以为意。我们是在什么时候发现这个世界已然不同了的呢？

有时，转变的到来只是一声巨响。原子弹在广岛坠落的瞬间，也永久性地改变了大国冲突的利害得失。但更多的时候，转变只是潜伏着、悄无声息地靠近我们，然后伴以剧变的陡现，而这种剧变往往又会同以往一样被合理化为经济运行的一部分。只有在此之后，我们才能意识到这个世界已经掉转方向了。在1960年，目睹了约翰·肯尼迪(John F. Kennedy)和理查德·尼克松(Richard Nixon)第一次总统竞选电视辩论的新闻媒体很少会意识到，这种新兴的媒介自此已经深刻地改变了竞选的模式。的确如此，有时正是那些最微不足道的事情在提醒我们去注意社会的剧变。

上一次牛市的巅峰时期，我在报纸上读到一则消息：加利福尼亚州的养老基金管理机构因为自己的一位经理将基金用于投资美国国债而将其解雇。这位基金经理只是担忧股市过热，单纯地想要保护他的基金免于遭受股市衰落的威胁。而他的上级却认为他保守且愚蠢。当然，相较于1997年泰国货币泰铢的崩盘，一年后的俄罗斯债务违约，2001—2002年的会计丑闻，或是其他近期引起整个金融界震动的事件，一个基金经理的被解雇算不上是什么惊天动地的新闻。然而，这个基金经理的不幸故事之所以能够吸引到我的注意，是因为在更早的50年前，我初来华尔街时，行事的规程恰恰是完全相反的。在大多数州里，信托基金经理即使只是把很小比例的资金投入股市也是违法。对于一位从50年代直接跨入90年代的基金经理来说，一个人因为投资债券而被解雇的事情是完全荒谬且不知所谓的，这就和听人讲冰激凌有益身体健康一样。彼时，大萧条的惨状依然令人们记忆犹新，信托资金的管理人在投资时都远远地避开了股市，因为这太冒险了。

因此，这个报纸上的小故事，就像是有人在轻敲我的肩膀，它提醒了我90年代末的不寻常之处。在我就职于华尔街的这段时期，人们对风险的态度完全反转意味着什么？在纳斯达克指数崩溃之前，有些人认为这意味着世界已经不同了，我们进入了所谓的"新经济"时代。在这里，新技术、自由市场的贸易政策，以及监控消费者需求和库存的尖端科技，已经令经济衰退成为过去时，并且它们还消弭了股市的风险。这种论调出现在库存以及工业产能激增（尤其是在所谓的"新经济"公司中）之前，紧接着，美国在2002年进入了经济衰退时期。

人们只能寄希望于，在有了这样的经验后，我们能够认识到，无论时代的潮流如何变换，有些东西是不会变的。我很喜欢马克·吐温（Mark Twain）的这句话："历史不会重演，但总会惊人地相似。"随着时间的推移，

引 言

我注意到当投资者想要合理化常规分析下不合理的行为时，他们就倾向于套用"新经济"的概念。这种面对风险的态度的转变，并非宣告了一个新时代的来临，而是暴露了一个被忽视的、但异常重要的市场属性，它蕴藏于过去、现在以及将来：它就是心理的作用。

在 20 世纪 50 年代，投资者们都非常清楚股票的价格既可以上升，又可以下跌。然而这种观点在网络股疯涨时期却显得非常荒谬。此时，盈利被嘲笑为公司成长的障碍；但是在 50 年代，投资者只会在一家公司实现盈利后再买入其股票。而当他们无法再获得比 AAA 高等级债券更高的回报时，他们就会出售这家公司的股票。投资者相信，股票内在的风险要比债券更高，因此，如果一只股票的股息收益率低于债券收益率，那么这只股票肯定就是被高估了。想象一下，如果一位投资者在 1999 年运用这一理念，那么等待着他的将会是怎样的嘲讽。最终，这位投资者应该是会选择烟草公司和公用事业单位的投资组合，可能也会购买一点其他的股票。然而，3 年后，公司的盈利能力再次受到人们的关注。

直至 2000 年互联网泡沫破灭，广阔的股票市场开始走下坡路以前，大多数投资者——1960 年后出生的人——都只经历过开始于 1982 年的大牛市。在此期间，只有 1987 年短暂但可怕的暴跌和 1991 年的经济衰退是例外。2000 年以前，投资者的认知就是股票最终还是会上涨。因此，投资者会去相信几十年前看来荒唐可笑的市场理论，一点也不让人奇怪。

投资者们上一次如此地激情满怀，还是在大萧条前夕的 1929 年。彼时，金融期刊上充斥着类似的荒诞观点。人们描绘着新经济的美好前景，并且认定由于这种新经济的存在，股票的价格在可预见的未来将会持续上升。考虑到廉价汽车、大规模生产制造的巨大冲击力，以及无线电、电话和电气化的飞速发展，可以说，20 世纪 20 年代的科技达人要比 70 年之后的人们更有资格提出新经济的概念（的确是如此，大规模生产技术在 20 年代末期的发展，使得美国在二战中的军事动员成为可能）。恰恰是这种"旧经济"的宏大，暴露了所谓"新经济"的脆弱。

这种类型的代际遗忘也许是显而易见且平淡无奇的，但它的影响却尤为深远。市场会影响投资者的心理，反过来，投资者也会影响市场。大致说来，我们所有人都会经历三种生活：我们自己的、我们父母的以及我们孩子的。我们自己所亲身经历的事件，尤其是青年时期的经历，会保留在内心的最深处。但是，在这几代人范围之外的事往往就会更加抽象，因为它们与你的生命没有直接的联系。我也许会不断提醒躁动的年轻人，股市崩盘或衰落的恐怖，但我却很难让没有类似经验的人清楚地知道我在表达什么。如果人类社会能够遗忘并重复上演战争的恐怖戏码，当然他们也就能够遗忘股市崩盘后的短暂幻灭。

请试着想一想心理学在你的投资决策中的作用。当你决定购买或出售一只股票时，你有着什么样的思考或感受？是什么驱使你拿起了电话？在多大程度上是情绪和直觉而非理性分析，影响了你的决定？什么样的推定致使你去留心某个特定的信息？你为什么会把这则消息与另外一则反复对比衡量？你的决策都包含了哪些事实依据？

然后试着想象与你进行交易的另一方的想法。投资者往往会忘记，不论是谁购买了你出售的股票或是出售了你购买的股票，他都是在对具体情况做出分析后才决定的。交易的双方总有一方会是此次交易的失败者，但是不到最后我们是不会知道结果的。

投资既是经济行为又是心理行为。即便是那些认为自己是基于基本面来做出决定的理性务实之人，随着时间的推移，也会渐渐发现，基本面也是可以有很多种类型的。这反过来又表明，基本面有时也不是那么基本。在20世纪70年代，许多投资者都会在每周二下午等待美联储发布M1数据。M1是货币供应量的一个指标，他们出售或购买的决定也是根据M1超过或未达预期的实际情况而做出的。现如今，等M1数据公布之后再做出投资决定的人几乎已经全部不见了。尽管所有的证据都表明市场漂浮在信念和情绪的海洋之上，传统经济学理论还是弱化了心理在自由运作的市场经济中的作用。这是十分怪异的事情，因为不论是市场人士还是经济学家都在无休止地谈论着市场情绪。而当他们坐下来去分析股票、行业或市场，他们又总是倾向于将市场视作理性且高效的。

这样的视野对于一个人的经济状况是十分危险的。而更加危险的是，一个人把在市场上获取成功误解为纯粹的理性分析。那些最善于从某种特定市场获利的人，往往是那些最不可能知道游戏何时结束的人，也许他们还是完全没有为从后续市场中获利做好准备的人。为什么他们要改变那些在他们身上已经运作得很好的理论？在60年代醉生梦死的英雄们，大多数在70年代都变成了任人宰割的绵羊。20世纪90年代大牛市中的英雄们又会以怎样的方式告别？接下来的这几年我们拭目以待。

但是市场还存在着更为残酷的插曲。一名玩家仅仅知道游戏在什么时候出现了转折是不够的。当市场发生转换，一名玩家要能够对之前造就了他的成功的操作方法，采取诅咒的心理姿态。当诸如盈利和股息这些旧经济的古雅执念终于开始在股市中发威时，要那些所谓的新经济信徒做出及时的观念调整并不会轻而易举。

我所想要表达的是，情绪或者说投资者心理如同信息一样，对于市场具有重要的影响。要将这一领悟应用到个体的行为中，确实需要极大的自律。1962 年，我遇到了这一悖论的生动实例。当时，肯尼迪总统正在呼吁钢铁行业不要提高价格，而我相信美国很快就会进入经济衰退期。我和我在奥本海默公司 (Oppenheimer and Company) 的同事们召集了公司的高级基金经理，询问他们对于整体市场以及他们关注的特定股票的前景看法。所有人都认可我的观点，他们觉得股市将会下跌。然后，我看了看他们是如何来评估特定股票的预期表现。我将这些预估数据加总，并算出了平均值，结果却发现，同样是这些高级经理们，他们的预测是股票将会整体上升 15 个百分点。而事实上，我们的基金下跌了 30 个百分点。

对于大多数人而言，最危险的自我欺骗就是，即便是股市整体行情不佳，他们的股票也不会受到影响。他们认定，自己购入股票的决定是基于对股票价值的精明算计。随着幻想的不断叠加，大多数的人也都会相信，不管发生什么事，他们都能够在股市冲至最高点或接近最高点时脱身而出。

这两种想法都是全然错误的。对后者的证明只是一个简单的算术问题。大多数出售股票的投资者都只是将他们的资金转移到另外一只股票上。只有很少一部分人是将他们的股票转为债券或者现金。我们假设，成交额是所有在交易所上市的股票的 70%，而离开股市的人在一年之中出售了全部成交股票的 10%。这意味着每 100 股股票中，只有 7 股是由想要套现的人售出的。因此，一个人在股市一年中的最高点套现离场的概率是 7%，近似为 1/15。也就是说，只有很少的投资者能够从股市中成功脱身，而其余的人将会被套牢，或者等待股价重回高点（许多人仍旧相信，市场会知道或在意他们买入一只股票的价格），或者以较少的收益甚至是亏损离场。

当股市暴跌时，资金就像是凭空蒸发了。在纳斯达克指数陷入低迷时，思科公司 (Cisco) 市值缩水了 4000 亿美元，安然公司的市值也缩水了 700 亿美元。资金对于大多数人来说似乎是莫名消失了，但对于那些在股市暴跌前落袋为安的小部分人来说则并非如此。市值的消失的确具有真实的影响：人们能够用于投资和消费的资金变得更少了。

和金钱一同消失的还有信任的关键因素。公众从中获得的教训就是，不论是上市公司还是评估上市公司前景的分析师，都不值得信任。人们也不能够一味相信核实公司财报的独立会计师。甚至是对美国证券交易委员会 (Securities and Exchange Commission) 的金融警察也不能抱以太大的信任，因为他们并不总是能够及时抓捕罪犯。当公众不再信任市场信息或管理机构，他们也就不会再购买这个市场的任何产品。

市场的崩溃对于我们大家都是一个警醒：没有谁掌握了一套战胜市场的理论体系。这并不是说，没有人能够战胜市场，而是投资者应该对任何有关投资回报的承诺，抱以最大的怀疑态度。很多投资者对此都心知肚明，但这仍然难以阻挡他们对理论体系的钟情。我记得我曾经去蒙特卡洛（摩纳哥城市）拜访母亲的一位朋友，这个人非常嗜赌。她是一名成功会计师的遗孀，她丈夫的骨灰就在壁炉台的花瓶里，旁边还有她最爱的狗狗吉利根 (Gilligan) 的骨灰。有一天，我看到她在玩轮盘赌，突然就想要恶作剧一下。我说："你注意到了吗？其他轮盘赌桌上的数字常常几分钟后便出现在这个赌桌上。"她毫不犹豫地回答说："啊，没错，这叫'回声效应'，很多玩家都会用这个理论。"

当然这个例子有些可笑。但是，在这个善变的世界里，人们对于秩序的类似渴望，会让最老于世故的投资者将他们的成功归因于同样牵强附会的理论。我对有关市场本质的理论一直抱以怀疑的态度，而作为一名投资者，我的经验只会不断强化我的这种看法。我们中的任何人都不太可能找到市场的大统一理论——一个包含各种变量的方程，投资者只需输入数字就能够得到投资建议。市场在多大程度上受到心理因素的主导，它就在多大程度上抵制规整理论及规律的制约。

除却人类心理这一最深不可测的因素之外，我们有关客观世界的知识从来都不完美。简单来说就是，我们不知道我们不知道些什么。20 世纪 70 年代初，当环保主义者要求在阿拉斯加输油管工程对驼鹿的影响被研究清楚和妥善解决之前，禁止该工程开工时，阿拉斯加输油管工程的成本计算乱作了一团。当时人们认为，管道的设计会扰乱驼鹿正常的迁徙模式。在堪称地球上最恶劣的气候条件下，驼鹿通过食用地衣生存。因为处理驼鹿问题，这个工程被延后了八年的时间。而因为时间就是金钱，时间表的改变令管道的拥有者，大西洋富田 (Atlantic Richfield) 公司不得不重新制定项目融资的债券价格。驼鹿，或者其他的未知因素，总是会出现在大工程的建设中，自此之后，投资专业人士将这一未知状况称为"驼鹿因素"。

如果人类本性会使市场效率低下并且喜怒无常，而驼鹿因素又会击溃金融家最为精细的分析，那么我们自然要问，人们怎么还会期望从市场中赚到钱。市场也许是内在地不可预知的——有效市场理论家在这一点上是正确的——但是，政府计划和经济主体的行为却总是有迹可循的。正是这些蛛丝马迹为我们留心发展动向、把握投资机会提供了指导。

绝妙的点子、长远的视角、执行策略，以及从你的洞察中获利的创造性都是在金融界获取成功的必要因素，但只有这些仍旧是不足够的。当市场考验你的信心时（这显然是不可避免的），如果你没有坚守自身策略的自律，那么那些品质就不会奏效。当你孤注一掷，而市场又开始与你处处作对时，你最好重新审视你的战略设想。然而，即便你仍旧坚信自己的正确性，你还是会很难抵制止损以及迅速牟利的诱惑。

在这种情况下，你很容易忽视这样的事实，那就是市场最终还是会回归真实价值，即便它已经在太长的一段时间里丧失理智。投资者必须明确他们愿意等待的时间。投资者也必须警惕市场的变化，这些变化可能会推翻他们最初的设想。我们的市场也许并不高效，但是我们的确拥有一个非常高效的市场。或者正如传奇价值投资家本杰明·格雷厄姆 (Benjamin Graham) 曾经指出的：短期来看，市场似乎是一个投票机器，它反映的是一家公司的知名度；但是长期来看，市场更像是一个称重机，它所反映的是一家公司的真实价值。市场的这一本质允许杰出的投资者在盈利上远远甩开那些幸运儿们。

现在我们已经知道，过去几十年的大牛市几乎完全建立在幻象之上。新经济被旧经济的现实所击溃，大部分所谓的业绩增长都只不过是会计学的花招。即便是股票长期来看最终会跑赢债券的观念——这一口号吸引了无数新手投身股市——如今也正在遭受质疑。各个领域的经济学家认为，当把从市场上消失的股票和股价波动的内在风险因素计算在内时，股票和债券的收益数据甚至会更加对等。

为什么市场就一定要比驱动它的人类情绪和预测更加完美？投资者反应过度，于是市场反应过度。投资者会被自己的情绪所吞噬，所以市场也会淹没在情绪之中。正是这种相互作用制造了投资机会。

THE MIND
OF
WALL STREET

———————

第 1 章

市场从来就不理性

我还是一个在纽约长大的年轻人时，从来都不敢想象自己能够找到一份有酬劳的工作。我的学业成绩并不是很好，我还很容易分心，并且我一直都很健忘。这些性格特征不会出现在任何行业的招聘广告上。不过，13 岁时我把自己在成年礼上收到的 200 美元投入了股市，从那时起我就始终相信，我可以以钱生钱。这一切都变成了现实。事实上，如果当时我的父亲允许我以每股 2 美分的价格购买美国城市供电照明公司 (American Cities Power & Light) 的 B 类股的话，我在很小的年纪就可以变得很富有了，因为这只股票的价格后来超过了每股 3 美元。

　　1951 年我加入了当时刚刚成立的奥本海默投资公司，成为了这家公司的第一批合伙人，此后，我再也没有离开过。我在这家公司的发展中扮演了一个重要的角色，并且创立了奥本海默基金（这只基金之后还有很多的衍生物）。在这个过程中，我还参与了一些其他的事务，帮助投资界从一个小圈子的、排外的以及自我延续性的团体，转变为如今大规模的多元化产业。

这些革新和事务看起来也许毫不相关，甚至是随机发生的。这其中，还包括让一家公司免于破产——我夸张性地描述了这家身处困境的公司的盈利机会。并且，在证券价格低迷时期，我还利用杠杆收购的方式释放了一些公司的潜在价值。

除了可以从中获取巨额利润以外，所有这些事件还包含了另外一个共同元素：它们代表了尚未被挖掘的金融机遇。我和同事们首创的这些革新如今在金融界已经是非常熟悉的东西了，但在我们刚开始行动时，它们却是未知的、被忽视的或者不受垂青的。当然，我也有很多的想法最终都不太成功，但在我的投资生涯中，不论经济和市场环境发生了多么巨大的变化，我总是能够从中获利。

我敢肯定，我所取得的这些成就会让那些初次见到我的人迷惑不解。我甚至能够感受到他们在心中所不断积攒的疑惑："一个烟雾正从自己口袋里冒出来却仍旧找不到烟斗的人，怎么可能会是一个好的基金经理？"在和我聊过一段时间后，人们甚至会变得更加困惑并结束谈话。他们会断定我不过是交了狗屎运，所有有分量的工作一定都是由我的合伙人完成的，要不然我早就万劫不复了。

某种程度而言，所有这些事情都是真实的。我确信在华尔街，大部分被视作成功的投资都依赖于运气和巧合，并且我也确信，这些好运气我也有份。但反过来看，我也有运气糟糕的时候。

我从来都不喜欢单独做事。我喜欢把聪明人聚到身边，和他们交谈常常能让我获得新的创意。正因为如此，我一直都有合伙人，当然，这也意味着我们会有意见相左的时候，会有他们的判断才正确的时候。我很幸运，在很早的时

第1章

市场从来就不理性

候我就遇到了杰克·纳什 (Jack Nash)。他有着运营一家企业组织的惊人天赋，以及预知麻烦的超凡本能。我和他的合作已经有近50年了。

和华尔街的大多数人不同，我从没有上过商学院，大学期间也没有修过商业课程（我在纽约城市大学主修心理学，在我想要选修高级证券分析课程时，我被拒之门外了）。我的父亲相信，经济学是一种能够为社会带来更多公平的学科，在我们的家庭中，商业动态的讨论就和普通家庭讨论每日新闻一样稀松平常。这些无疑都会影响到我的成长。我的父亲意图解决失业的问题，并且力促社会财富的分配更加公平。他的一生都致力于经济学的研究。

青年时期，我所有的商业知识都是通过阅读19世纪的强盗大亨的故事得来的。我至今都清楚地记得，控制伊利铁路的杰·古尔德 (Jay Gould) 是如何击败他的对手——经营纽约中央铁路公司的科尼利尔斯·范德比尔特 (Cornelius Vanderbilt) 的。在当时，把牛从芝加哥运到纽约是利润异常丰厚的生意，两人都想要独占利润。于是，他们便陷入了价格大战。这样的竞争使他们互相削弱，从芝加哥运送一车牛到纽约的利润也在下跌中变得极其微薄。这个时候，古尔德改变了他的策略。他买下了芝加哥所有的肉用公牛，并将伊利铁路的运输价格提高到全价，然后借助纽约中央铁路把牛运送到了纽约。如此一来，整件事情变成了范德比尔特在补贴古尔德的肉牛生意。

这样的传奇故事，比研究如今金融衍生品市场存在的定价异常现象要更加丰富多彩。没有了商业教育所带来的思维定势的负担，任何事情我都要独立思考。如果你凡事都独立思考，你可能会浪费一些时间，但你也可能会邂逅一些被忽视或被视为理所当然的事情。这样的做法使我能够以更加新奇的眼光去观察金融界。

我知道对于许多人，尤其是我的妻子谢尔比 (Shelby) 来说，我有些健忘和心不在焉。我曾经将我的妻子独自一人留在聚会上，因为我忘记了她是和我一起来的。但更多的时候，我都是在思考一些其他的事情。我的这种特质在华尔街是非常有利的。华尔街里的人们太容易被一时的情绪所感染。我心神不专的大多数时刻，都是在想象自己处在另外一个时代，处理那个时代或时期的事情。这些事情可能是欧洲共同货币的诞生、1987 年的美国股灾、互联网经济泡沫化，或者其他当时的热点新闻；当然，它也可能是一些完全无关的事情。

事实上，从另外一个时代观察当下的优势在于，你将能够更加明确诸如情绪和心理这些无形之物的重要作用。人们觉得投资者的决定是基于硬性的数字，但其实情绪和心理支配了我们感知和解读这些数字的方式。从另外一个时代审视当下，使我得以拨开遮蔽了我双眼的迷雾，辨识出真实之物。

在 20 世纪 90 年代股市泡沫的高峰期，我和奥本海默基金的董事们玩了一个游戏。当时我还是董事会的主席，我要求他们想象几年后股市崩盘的景象，并把自己当作受到指控的国会议员，因为是他们组织安排了参议院金融委员会 (Senate Finance Committee) 的听证会，并导致了股市的崩盘。董事们觉得我只是个老糊涂，对此事并不以为意。

伴随着 2001 年末安然公司的轰然倒塌，我的许多猜想都变成了现实。国会开始匆忙调查他们自己的成员，正是这些议员们早前参与制造了此次危机。我的一个猜想已经引起了国会的注意，那就是在 90 年代后半段股市泡沫疯狂膨胀过程中，华尔街的分析机构所扮演的角色。同样地，各类调查人员现在开始想弄清楚，为什么会计标准会如此大范围地得到放宽。比如，允许公司隐藏收购和期权的开支，将投资所得的资本收益与营业所得的利润混为一谈，将非

第 1 章

市场从来就不理性

货币交易计入营业收益，并且欺诈性地隐藏开支。答案自然是，国会自己在 20 世纪 90 年代的几次"改革"过程中，削弱了各项会计标准。会计制度本应该向我们提供遮掩在公司面纱背后的真相。而如果这个"真相"不过只是另外一层面纱，那它还有什么意义？正如我们所看到的，放宽会计标准的一个后果就是大规模的信任破裂。

如果国会继续遵循我所想象出来的剧本，那么它最终会问及，为什么 1933 年大萧条时期通过的《格拉斯 - 斯蒂格尔法案》（*Glass-Steagall Act*）会在 1999 年被废止，并且允许银行包销和出售股票。《格拉斯 - 斯蒂格尔法案》早就将这一极端恶劣的利益冲突列为违法行为——银行向客户出售他们自己包销的股票——正是这一行径导致了 1929 年的股市崩盘。既然这一做法已经再次成为合法行为，那么它也必将会是银行机构的致命诱惑。试想一下：一家银行把 1 亿美金贷给了风车在线 (windmill.com)，它非常紧张这笔贷款。如果这家银行同时包销这家网络公司首次公开募股发行的股票，那么银行不仅能拿回借贷资金，还能够获得包销费用，而如果银行客户购买这只股票的话，它还能抽取佣金。多么具有诱惑力啊！不过，我很怀疑我们能否看到国会重新审核《格拉斯 - 斯蒂格尔法案》的废除，因为正是国会自己（还有艾伦·格林斯潘的热情支持）废除了这一法案。

在我想象股市崩盘，各种调查层出不穷的时候，也是股市中的人们最意乱情迷的时候。彼时，大多数权威专家还在为股市的持续升温寻找说辞。我想象中的参议院听证会，使我得以理解此次股市狂热之荒谬，即便是在它最甚嚣尘上的时刻。想象泡沫破灭的后果，有助于我更好地理解泡沫本身。

我当时之所以提议董事会的成员们去假想这次听证会，就是力促他们也去思考 90 年代末期市场上存在的种种风险。在这 10 年期间，股票价格飙升到了一个前所未有的水平。我渐渐看到，美国证券交易所正愈发明显地表现出股市受制于投机狂热的症状。鼓励客户"自己为飞机票出价"的"折扣票在线网"（Priceline.com）的市值，曾一度超过各大航空公司的总值。但到了 2001 年，这家公司的市值却只剩下了其巅峰时的 1%。

那些在所谓的新经济时代建立起来的公司，以极高的股价交易股票。人们认定在未来的许多年里，这些公司将获得前所未有的利润和销售成长。当股价借助新闻发布和谣言而一飞冲天时，根本没有人会顾及坏消息。在"财富效应"的鼓舞下——盈利承诺和暴涨的房地产价格所带来的短暂疯狂——负债累累的美国人仍旧花钱大手大脚。我见过太多狂热的市场，却从未见过任何一个市场狂热至此。

自我开始在华尔街工作的半个世纪里，我已经历过几次大的时代转折，而每一次转折都会让之前的功成名就者跌落谷底。这其中，有些转折是显而易见的，比如 60 年代的乐观主义情绪让位给 70 年代的不安和厌世情绪，起因便是越南战争以及之后的 1973 年阿拉伯石油禁运。然而，更多时候这些转折是不易察觉的。

当市场形势发生变化时，不会有任何警铃为你做出提示。市场将不同事件信息整合为噪音还是交响乐，这取决于听者修养。股价会对当天的新闻做出反应，会对与特定股票相关的技术因素做出反应，会对国内外的政治事件做出反应，会对那些猜测人们会如何看待这些事件的市场参与者做出反应，会对技术变革和贸易政策的转变做出反应，会对诸如婴儿潮一代人的老龄化和资本支出趋势这些长期现象做出反应。在某个时刻，市场在某一方面的情绪可能正信心满满，而在其他方面却有些郁郁寡欢。整个市场可能会被某种情绪所吞噬，到了那时，理性分析往往会变得难以奏效。

然而，理性会在何时主导市场？理性主导市场的时刻只会出现在观察者的想象中，并且是在市场与其分析相一致的时候。是的，有些时候，股价似乎是在紧跟着世界上发生的事件而变动，但股价对这些事件做出回应的时间选择，则会受到大众心理的深层影响。在市场之中，时机选择可能就会是天降横财和破产倒闭的分水岭。正如伟大的英国经济学家和哲学家约翰·梅纳德·凯恩斯 (John Maynard Keynes) 所指出的，市场可能会长期保持非理性状态，直至你失去偿付债务的能力。

忽视市场变化的心理因素就像是在忽视"房间里的大象"(An Elephant in the Room)。一个人走进一间屋子，却对里面的大象熟视无睹，这样的人又怎么可能会活得长久？心理因素在市场上发生的所有事件中都扮演了一个极为重要的角色，从日内交易者借助互联网股票进行投机的行为，到股市出现的广泛而深远的转变（随着时间的推移，股市出现的某种转变将会变得显而易见且无可置疑）。

忽视媒体的混乱报道——在华尔街的任何一天里，没有什么比评论员给出的股价变动解读更为荒谬的东西了——将使你能够更轻易地将精力放在重要的事务上。它还能帮助你拥有更为广阔的事业。事实上，我认为经济学的最大错误之一，就是将自身从其他学科中分离出来。如果你不懂哲学或者历史，你就不会真正理解经济学。凯恩斯是 20 世纪最伟大的经济学家，但他首先是一位哲学家；18 世纪最伟大的经济学家亚当·斯密 (Adam Smith) 也是如此。如果智力是整合的能力，创造则是整合看似毫无关联的信息的能力，并且，在一定程度上拥有这两种能力，是在市场上获取长期成功的必要条件。

我对市场的理解有着各种各样的来源。这种理解之中最为重要的部分也许就是利润在经济发展中的重要作用理论。它是我还在孩童时期就从父亲身上学到的。父亲所建立的经济动力学理论，指引了我职业生涯里所有的投资。

对古代史和考古学的热情也赋予了我一种特殊的视角。我在维多利亚时代的阴影下成长，作为一个青少年，我非常痴迷于古代史，这并不仅仅是因为它们是我所能找到的最具魅力的故事。考古学吸引我，是因为它涉及复杂而含糊的历史重建问题。这种历史重建往往始于现存证据的最薄弱部分。此外，考古学偶尔会为我们提供一些挑战世俗认知的知识，这为我提供了别样的快感。

下面的故事发生在以色列城市阿什克伦。20 年前这里的发掘项目刚刚启动时，我就开始赞助它。1995 年，以色列和美国的研究团队发现了仿似罗马拱门的遗迹——也许这并没有什么好奇怪的，因为罗马曾统治过这片区域。但是在罗马帝国崛起前的一千年前，这个拱门就已经被建造起来了。拱门是由备受非议的非利士人所建造的，作为历史的讽刺，这个被证明至少和以色列文化一样辉煌的文明，最终却被以色列文明所取代。正如托尔斯泰 (Tolstoy) 所指出的那样，历史由胜利者书写，所以历史并不总是准确。

我对于古代世界的兴趣，使我对于当代社会有了更为深刻的洞察。对古老遗迹的调查结果告诉了我们，当事情开始变得糟糕时，政治家和金融机构能够在何种夸张的程度上再三欺诈大众。在罗马帝国建立早期，一个名叫克拉苏 (Crassus) 的精明权谋者成为了罗马的首富，而他致富的手段就是向官方购买某些地区的收税权，这些地区往往都是帝国的收税官员力量有所不及的区域。这种包税制 (tax farming) 最初是非常有利可图的，因为这些承包人能够把税收总额同他们协商支付给皇帝的租金之间的差额，全部揽入腰包。但是，随着越来

第 1 章

市场从来就不理性

越多的罗马人竞争这种承包权，承包税款的合同价格也越来越高，到了最后，包税人 (tax farmers) 所得的税款再也无法负担需要交付给帝国的租金。此时，克拉苏使出了他的游说技巧。他说服政府组织了历史上的第一次国家援助。金融机构"大到不能倒"的观念，在历史上有着深刻的根源。

考古界的一个真理尤其影响了我的思想。考古学家们都有各自的专长，考古领域的一个奇特之处就是，这些在考古学的某个分支领域颇有建树的考古学家，对于分支领域之外的事物却往往视而不见。寻找陶器碎片的考古学家眼中不会看到古币，反过来也是如此，寻找古币的专家对于陶器熟视无睹。发掘同一片区域，不同的考古学家在土地中看到的将会是完全不同的东西。市场也是如此。

大多数人认为，市场主要是由经济因素推动的，而心理所扮演的不过是一个次要角色。我的观点是，市场是由经济因素和心理因素共同推动的。我对于经济学家们有很大的亏欠，因为我没有能够使他们认识到心理对于市场的巨大驱动力（现在经济学家们似乎开始重视心理的作用了。在我的料想中，经济学家们会一直保持客观数据决定大众情绪的错误认识）。我在市场中进行投资的方法始终都是立足长远和顺应人性的，而这种方法已经无数次地使我免于迷失在日常事件的虚妄之中。我必须承认我的这一策略有自私自利的一面。长期目标推迟了资本清算的时间，如果你确立了一个需要花一生的时间来实现的目标，那么你永远都不会失望。

今天，主导了整个 90 年代股市的那种前所未有的狂欢已经不复存在。由于美国人将他们平均 40% 左右的金融资产投资在了股票上，所以行进至此的股市将会对国民经济健康和民众情绪带来巨大的影响。我们现在所面对的这个熊市，在规模和强度上都不会弱于那个业已走到尽头的牛市。过去的 10 年里股票的价格可以有多高，那么接下来的 10 年里它们就可以有多低。

我在华尔街拥有多年工作经验，所以在解决今天的这些问题上我有一些优势，除此之外，我也许还拥有另外一个独特的长处。尽管，我涉足了华尔街的多项交易和重大事件，但我始终都只是一个局外人。20 世纪 60 年代，当奥本海默公司迅速成长的时候，我们公司的一名分析人员将我描述为负责处理"星际"事件的合伙人。我将此视为一种恭维。并且，在纽约城市大学，我唯一获得了 A^+ 成绩的课程就是异常心理学。要理解心理在市场中的作用，没有比这更充分的知识储备了。

THE MIND
OF
WALL STREET

———————

第 2 章

父辈的成功之道

我有关投资的大部分知识都是从父亲杰罗姆·利维 (Jerome Levy) 身上得来的。父亲对于经济的分析有他自己独特的观点。尽管我的父亲是一个坚定的资本主义者，但他并不支持华尔街的过度膨胀。因为在他看来，这些掌控游戏的玩家所获得的报酬不是他们应得的。他们的报酬与他们所承担的风险不相称，与他们对社会的贡献不相称（父亲如果得知企业高管们近年来的巨额薪酬，他一定会患上中风的）。尽管如此，他还是花费了大量的精力来设计自己的投资策略。对于一个不愿让自己的孩子进入华尔街的人来说，他是非常热衷于鼓励我学习如何从商业和投资的角度来评估一家公司的。

父亲对于我们整个家庭的影响非常突出。我创建巴德学院利维经济研究所 (Levy Economics Institute) 的部分原因，就是为了帮助一些人继续研究经济政策对于社会的影响，这是父亲所钟情的。我的兄长杰伊 (Jay) 是一名经济学家，他对经济前景的分析正是以父亲所建立的理论为基础。此外，杰伊的儿子大卫

(David) 现在在纽约州芒特基斯科市 (Mount Kisco) 的利维预测中心工作，而他的工作内容就是研究经济政策对于社会的影响。对于成长在美国的孩子来说，继承家族事业的现象并不常见，但在我们这里，利维家族的后代们持续发展着同一个人的思想。

父亲于 1882 年出生在宾夕法尼亚州的洪斯代尔 (Honesdale)。祖父在 1865 年从波兰移民到美国。来到美国的祖父终于可以不必再为沙皇亚历山大二世 (Czar Alexander II) 效忠。他成为了一名商贩，专门为特拉华州和哈德逊运河公司 (Delaware & Hudson Canal) 的平底船提供给养品。后来，这家公司在与伊利铁路公司的竞争中倒闭。1891 年，我的祖父带着他的六个孩子搬到了纽约下东区的迪威臣街 (Division Street)，他和一位合伙人共同开办了一家纺织品批发公司，名叫"利维和卡登"(Levy and Kadane)。这次商业联姻并没能够持续太久，祖父在寻得一个恰当的时机后便选择了离开。之后，他又创建了利维家族公司 (S. J. Levy & Sons)。

作为四个儿子中的长子，父亲自然而然地扮演起了兄弟姐妹们的保护人角色。父亲是一个个性强硬的人，他的身上有着各种各样的伤疤。他曾经作为轻量级运动员练习拳击，并且拳击技巧非常纯熟，一些和他格斗过的人还要求他指导自己的拳击事业。为了对抗经常痛打他弟弟的爱尔兰黑帮，他还组建了自己的帮派，名字就叫"对抗到底"。几年之后，他和我的母亲漫步在麦迪逊大道时，有一个戴着圆顶礼帽、穿着软领长大衣的优雅爱尔兰法官上前和他们打招呼，并说道："太太，您的丈夫有着迪威臣街最厉害的右钩拳。"

父亲还是一个心高气傲的人，任何轻视他的人他都不会轻易放过。1897 年，父亲进入了纽约城市大学，并且参加了学校橄榄球队的选拔，但仅仅是因为身高不足而遭到拒绝。父亲果断组建了自己的球队，成员也都是那些被校队拒绝了的人。之后，他们在中央公园与城市大学的校队展开了一场对决。最终，"对抗到底"队（如果父亲喜欢一个名字，他会一直沿用它）轻松取胜。

父亲之所以个性强硬，是因为他不得不如此，而他真正的兴趣还是智识上的。1901 年毕业前，父亲修完了城市大学所有的高等数学课程。和同时代的许多年轻人一样，他花了一年的时间去教书，在这段时间，他还要明确自己将来所要从事的工作。不出所料，他将这次的高尚使命再次转变成了技击运动。而这并非他的错。他被分派到号称"地狱厨房"（指美国纽约市曼哈顿区西部——译者注）的一间学校，那里聚集着纽约最凶悍的爱尔兰黑帮。此外，他所教授的是不分年级的夜校课程，教学的主要对象也都是那些白天要工作、对学习兴趣不大的男孩子。对于这些人来说，上夜校不过就是多了一个可以欢聚一堂、打打闹闹的地方。当校长把父亲介绍给他的学生时，校长只是轻描淡写地说："孩子们，这是你们的新老师。"之后校长便转向了我的父亲，说道："如果我告诉他们你的名字是利维，他们会杀了你的。"

校长甫一离开教室，学生们就开始大吵大闹。为了维持秩序，父亲挑中了一个身躯最庞大，也最粗野的男孩，并命令他坐下。男孩冷笑着说："谁在命令我（或者是其他更为有趣的话，但态度肯定是一样地嚣张）？"父亲一拳便将这个小流氓击倒，男孩倒地时还撞到了自己的额头。班级老大流血的场景令所有学生都震惊不已，他们立刻就安静了下来。

学生们还为父亲制造了许多其他的麻烦，其中的一次冲突引发了后续一连串的事件，甚至还受到了《纽约时报》(*The New York Times*) 的关注。父亲因为另外一名学生搅乱了消防演习，而将他胖揍了一顿。几天之后，当父亲乘坐有轨电车时，在车门关闭的一刹，一块又一块石头冲着电车砸了过来。《纽约时报》对这次电车莫名其妙地遭到群体袭击，所有窗户都荡然无存的神秘事件，还展开了一项调查。无论事实的真相如何，这是我在年龄足够大时才得以听到的家庭故事。

父亲最终还是放弃了他喧喧嚷嚷的教学事业。他接管了祖父的袜子批发公司，成为了一名生意人。然而，父亲把大部分的空余时间都用在了学习经济学上，他还搞出了一些发明，比如女士自立长裤，他自己将其称为"吊桥长裤"（始终未能流行）。他本质上还是一个 19 世纪的男人，维多利亚时期的理念根深蒂固——对理性有着莫大的信仰，相信依靠理性可以解决所有问题。这种信念以及源自 19 世纪的哲学偏见，都在他为自己写的书所取的书名上暴露无遗。这是一本关于经济学在社会生活中的作用的书，书的名字叫作《经济学是一门精确科学》——典型的过分自信（经济学当然达不到物理学家们口中的那种精确）。

父亲在聆听了总统威廉·霍华德·塔夫脱（William Howard Taft）在库珀联合学院（Cooper Union）的演讲后，于 1912 年开始思考经济学的基本问题。演讲结束时，一位听众曾问道："塔夫脱总统，一个有着老婆和三个孩子的熟练技工却找不到工作，对于此事你怎么解释？"塔夫脱回应道："我不知道，天晓得这是怎么回事。"

塔夫脱可能对此事不以为意，但是这个问题却烙印在了父亲的心里。他想要知道，是什么原因导致一位老板雇佣了一位员工。这个问题最简单的答案是，如果雇佣一名员工能够为商人带来利润的话，那么他就会雇佣这名员工。接着父亲又想到，利润来自何处？这就要用到他最感兴趣的数学了，他推导出了用于测算各种利润来源的公式。他的分析很大部分都牵涉到了资本支出，但这也并非全部。消费信贷和政府财政赤字同样被他考虑在内。在某种限度以内，存货的积累会带来利润，与此类似的还有贸易顺差。所有这些经济活动都会为经济体注入更多的金钱，同时却没有补偿性的商品增长；由此，社会中会有更多的钱来竞逐同样数量的商品，此时金钱就会演变成利润。父亲知道在经济不景气时，因为利润很低，商人们都不得不努力经营来实现收支平衡；而在繁荣时代，商人可能只需要做很少的事，他们的利润就能够保持飙升。换言之，企业家的努力，不过仅仅是利润的一个组成部分。

父亲预测企业利润的能力，使他在过去几年中做出了精明的投资决策。当美国参加第一次世界大战的时候，股票市场曾短暂关闭了一段时间，因为所有人都认为生意会很难做。与此相反，父亲认为战争所带来的财政赤字，对于经济的刺激作用将会非常巨大。正是基于这样的猜测，他还积累了相当的库存。他的做法是正确的。在战后的繁荣期，尽管商品供不应求，但纺织品业务员还是不断为父亲供货。因为在没有人愿意向他们采购货物的战争时期，父亲收购了他们的货物。然而，到了这个时候，父亲看到人们都是出于投机才大量增加库存，开始担心经济衰退即将到来，所以他表示，"我不会再购买任何货物！"

然而，相较于赚钱，父亲对于经济、政治和社会政策的统一更感兴趣。大萧条所带来的恐怖苦难和安全保障机制的缺乏，让父亲开始担忧起一个健康人却无法找到工作的问题。本质上讲，这是属于 19 世纪的问题——但它比我们今天所面临的任何一个经济问题都重要。父亲认为政府应该在这一方面承担起责任。我的父亲是一个资本主义者，但不是一个放任资本主义者。他认为自己的利润公式是一个很好的预测工具，但利润只不过是他所想要描述的经济系统的一小部分。一战过后，他花费了超过十年的时间来描述其他八个因素的作用，包括工作、投资、货币借贷阶层、货币系统、税收、政府、消费者以及土地。后来他又增加了一个因素——自身利益，也即每个工人从他的工作中所获得的直接收益。首先，他试图描述每个因素的功能和义务；之后，为使这些不同的功能和义务同时发挥效用，我们需要采取什么样的措施。

父亲深受英国思想家亨利·乔治(Henry George)的影响。他认为政府应该拥有所有的土地和自然资源，并把土地外包给那些愿意承担风险的人。他认为任何人都不能够在不承担风险的情况下获利，石油大亨们因为碰巧拥有产出石油的土地就能够坐收暴利的场景，令他感到非常不满，要知道所有探测石油的风险都要由钻探者来承担。他对华尔街的厌恶，也是源自他对投资银行的双重角色所内含的利益冲突的厌恶。投资银行本来是应该为发行股票的上市公司和购买证券的消费者的利益服务的。如果这两个群体的利益发生了冲突，你觉得夹在两个群体利益中间的投资银行会倾向于帮助哪一方？至少，我和父亲都还没有遇到过会认为投资银行将帮助消费者的人。

在经济学领域，父亲超越了他的那个时代，但是他对女性的态度却停留在19世纪。他反对(美国宪法)第19条修正案，因为这条法案给予了女性投票权。他认为这只不过是徒增了选票，却不会对选举制度有任何的改进。美国历史上最平庸的总统沃伦·哈定(Warren G. Harding)在修正案获得批准的第一次国家选举中当选，父亲常常以此来作为证明自身观点的论据。数年之后，他还不忘提起此事。

甚至是父亲的宗教偏好，也有着19世纪的明显特征。尽管他是一个犹太人，但他并不信教。他的哲学思想倾向于自然神论。这种思想并不排斥上帝的存在，

父辈的成功之道

但也拒绝接受超自然的启示——人们试图找出神迹，以证明天空的某处存在着一位密切注视着人类行为的全能神。

在经历了短暂的恋爱关系后，我的父亲于 1921 年迎娶了我的母亲莎蒂·萨缪尔森 (Sadie Samuelson)。母亲的性格在各个方面与父亲都有着很大的差异，父亲处理问题的反应方式往往带着强烈的个人色彩。1929 年，国家城市银行 (National City Bank) 的业务员曾邀请他以每股几百美元的价格购买这家银行的股票（银行正在试图筹集资金，扩大信托部门）。需要指出的是，这样的价格代表银行应该具有广阔且多样化的盈利能力。父亲勃然大怒："你不是真傻就是在骗我。"后来这家银行股票的狂跌，也证明了父亲的正确。事实上，直到 20 世纪 40 年代，国家城市银行的雇员们还在偿还他们贷款购买的股票。然而，与父亲的直来直去相比，母亲则要和蔼可亲许多。父亲的行为受到他的思想的驱动；母亲相对来说则没有那么的聪慧，但母亲是玩桥牌的高手。

到 1925 年我出生之时，父亲已经基本不再经营他的生意，而是将更多的时间投入到经济学的学习之中。父亲的经济预言见证了大萧条的降临。他很聪明地看到，作为纺织品的批发商，他要听任生产商和零售商的摆布。随着越来越多的竞争对手进一步挤压利润空间，他的选择只剩了南下购买纺织工厂，并生产自己的货物，或是关门清算资产。他选择了后者，并且及时地在 1929 年经济危机前出售了他的资产。

父亲在投资上从来都是言行一致，并且，他对经济学日益增长的兴趣，也使他成功地免于在大萧条时期损失太多的金钱。20 世纪 20 年代末，一个人只要望一望窗外不断耸起的高楼大厦（包括帝国大厦），就能够看到资本投资的骇人巨浪。但是，到了 1929 年这段投资狂潮渐渐开始落下帷幕（事实上，帝国大厦的开发商们最终不得不深入堪萨斯州，寻找当地的农民筹资，以建成这座昂贵的庞然大物）。父亲对库存高企和资本支出下降的经济状况非常担忧，他选择了退出资本市场。

父亲知道资本投资的热潮能够带来经济的整体利润增长。他也认为资本支出的涨落有着一个长期的循环，而资本投资的衰退周期，则预示着未来几年中企业利润的萎缩。学者们如今仍在争辩大萧条出现的原因，但很少有人会认为，在资本投资下降以后，20 世纪 20 年代的经济繁荣可以持续。

这其中蕴含了 20 世纪 20 年代和 20 世纪 90 年代之间最为明显的相似点之一：彼时和现在一样，资本投资引燃了利润和经济增长；投资者和企业欠下越来越多的债务，他们相信这种增长会永远地持续下去，因为经济增长的基本规则已经改变。现在也和彼时一样，资本投资的热潮最终不可避免地走向衰退，它暴露了我们已经踏入"新经济"时代的想法的苍白无力。

父亲对于市场未来的担忧，促成了他和母亲之间的难忘一幕。我们家和经营连锁影院的洛 (Loew) 家族有着远亲关系，他们是很有名望的大家族。大萧条后的动荡时期，母亲在一次旅行祝福聚会上遇到这个家族的一些成员，她询问她的一个表亲，他们家族是否有意出售他们资产。得到否定的回答后，母亲便立即购买了他们公司的一些股票。父亲得知此事后非常生气，因为他认为当时的市场非常危险。但是母亲在此事上掌握了最具话语权的论据——母亲购买股票之后，甚至是在她还未来得及付款前，股价便一路飙升。

大萧条开始时，我只有四岁，但多亏了父亲的运筹，我们得以以相当舒适的方式度过了 30 年代。尽管，在 1931 年的反弹中，父亲的确因为做空市场而遭遇挫折。这并不是说我们生活得很富裕——父亲厌恶卖弄排场，对于赚钱也

第 2 章

父辈的成功之道

没有什么大兴趣。投资对于他来讲更多的是一种智力体操。年末的时候他将自己的大部分收益都捐献了出去。有一些收入捐给了来自德国的移民家庭，因为希特勒的关系，犹太人的生活异常艰难。

我在西区大道 (West End Avenue) 的童年生活有两个主题，一个是投资，另外一个便是经济学。晚餐时间，父亲经常会在我们以及我们的朋友身上试验他的思想。比我大三岁的哥哥杰伊，成为了父亲经济学思想的信徒，同时我也成为了父亲投资学思想的学徒。我确实继承了父亲在投资上的精明，但这并不意味着他传授给了我一些投资公式，而我只是机械地套用他的公式。在我最初进入投资界的时候，我并不认可父亲所说的，市场是由一群金融流氓操纵的游戏。父亲去世30年之后的事实表明，他的思想也许是正确的。有消息显示，90年代末期纳斯达克的造市者依照惯例操控了股票的供应，并使差价转向了对自己有利的位置。

父亲教授了我如何在交易中寻找模型。他告诉我，在下跌的股市中，买家倾向于在早晨推高股票，如此一来那些原本想要出售股票的人就会持仓观望，寄希望于在闭市前以更高的价格将股票卖出。后来，大量的技术分析证明了他的这一智慧之言。我从他那里学习到，如何从内部人员股票交易的月度报告中，寻觅公司正在筹谋事项的预警信号。当然，投资者下一步要做的就是找出这个正在筹谋的事项。父亲总是想要寻找到将他的经济学理论应用到日常生活的方法，因此他并不会给我零花钱；相反，他会根据我的研究成果在市场上获得的回报以及我在学校的表现，支付给我"薪水"。

我关于投资冒险的最初记忆，就是购买破产铁路公司的债券。我们在铁路公司的债券中寻找投资价值，这些公司因为破产且身负毫无盈利能力的污名，其债券的价格异常之低，投资者唯一能指望的收益就是债务重组。

最开始，我通过阅读股市行情来获得我的"薪水"。后来，父亲让我去翻看一本关于铁路资产和债务的书，这本书由传奇分析师帕特里克·麦金尼斯 (Patrick B. McGinnis) 为投资管理公司普夫卢格费尔德 (Pflugfelder)、班普顿 (Bampton) 和拉斯特 (Rust) 所写作。这个工作非常烦琐、乏味，但是当我们偶然遇到低价打折出售的债券时，我们所有的耐心工作也都获得了回报。这些债券允许我们即便在公司破产的时候，也能够获得标的资产。尽管我讨厌上学，但是我却非常喜欢与父亲一起做研究。

父亲在 30 年代中期完成了他自己的著作，但是却无法找到出版商。这并不奇怪，因为他既没有名气，也没有经济学学位。但是父亲所写作的内容却涉及关于经济学本质的广泛断言，即便是亚当·斯密也要在这样的胆魄面前驻足。父亲并没有因此而气馁，他自己出版了自己的书。之后的几年发生的事情也证明他的大部分思想的正确性。他获取收益的方法超越了那个时代。30 年代的时候，波兰经济学家米哈尔·卡莱斯基 (Michal Kalecki) 又独立地重复探讨了他的方法（如果不是因为卡莱斯基的著作只有波兰语版，他会更加具有影响力）。父亲在设计他的理论体系时，国民收入的数据尚未流行，但他却从本质上描述了国民生产总值的概念。

尽管父亲和卡莱斯基关注着相同的数据，但是他们的看法却差异巨大。卡莱斯基是一位社会主义者，他认为在资本主义制度下，失业是不可避免的；父亲则相信，资本主义制度给了工人们自由选择的权利，而如果政府管理得当，完全就业是有可能的。我的哥哥杰伊最近所写的一篇论文指出，如果分析人士以 20 世纪 90 年代的欧洲为参照，那么他们会觉得卡莱斯基是正确的，但如果

第 2 章
父辈的成功之道

他们是以同时期的美国为参照，那么他们会认为我的父亲是正确的。

近来，经济学家海曼·明斯基 (Hyman Minsky) 对父亲的工作给予了认可，尤其是父亲观察到繁荣如何通过制造过度投机，从而导致自身衰退的能力。随着繁荣时代的车轮滚滚向前，人们会对风险视而不见（通常会以"新经济"的论断，来证明时代已经改变）。最终，这种过度膨胀会到达一个临界点上，人们再也无法担负他们的债务，于是萧条时代降临了。如果以今日的视角来观察这一切，父亲将会为社会进步的缺乏而震惊。

我再也没有找到其他观察经济的正确方式。其他的观点都是错误的。即便如此，父亲的书过去是，现在也仍然是异常的厚重。青年时期的我，就开始忠实地阅读他的这本书，但是我却深陷在这本书错综复杂的方程和晦涩的议论中。我必须承认，我从来都没有能够真正地读完这本书。我从父亲那里学到了巨量的知识，但这些更多的是来源于餐桌上的谈话，而非他的写作。

在每年的夏季，我都会去露营，或者是到我们在泽西海岸租的房子里住。在我 16 岁的时候，我和一群来自东部高中和大学的学生一起周游了全国。我可能是旅行团中唯一一个在信中询问投资建议的学生。在一封写自芝加哥的信中，我花费了大量的篇幅来讨论芝加哥《商业日报》(*Journal of Commerce*) 的优点，而与之相比较的恰恰就是《华尔街日报》。而我谈论密歇根湖景观的时间相对来说就要少上许多。当我在优山美地国家公园 (Yosemite National Park) 时，我写信说这是一个美丽的地方，但我对美瑞·查普曼 (Merit Chapman) 这家海运服务公司的美妙之处也很感兴趣。我在家书中写道："我今天看到了几周来的第一个财经专版。我认为我应该投资美瑞·查普曼。记录显示金融流氓们正大举购入这家公司的股票，根据近期的购买力度，我觉得他们将会支付（优先股的）累积收益。"

　　我进入了曼哈顿的唐森德哈里斯高中。尽管这是一家公立学校，但要被这所学校录取，你需要在一场竞争激烈的考试中获得相对良好的成绩。事实上在那时，这家高中比布朗士科学高中 (Bronx High School of Science) 和史岱文森高中 (Stuyvesant High School) 更负盛名。虽然我的考试成绩不错，但是我的分数从来都没有和我的能力相匹配过。

　　当我进入纽约城市大学的时候，这种成绩上的不匹配仍在继续。高中时期我就因为成绩不理想而受到父亲的训斥，在我度过了一个成绩平平的第一学期后，我知道我必须做些什么了。灵光一闪间，我去了城市大学的档案部门，并从 1901 级毕业生中查到了父亲的成绩（1901 和"淘气的一个"英文发音相似，也是它的昵称）。幸运的是，他的成绩并不比我好。于是在我交出自己的成绩报告时，我也挥舞着他的成绩单。但父亲还是找到了他的说辞。他仔细端详着他的那张成绩平庸的报告单，说道："他们一定是把我和切斯特·亚瑟·利维 (Chester Arthur Levy) 弄混了。"

　　我在纽约城市大学的时光，后来的确让我拥有了一个相当得意的时刻。在修完乔·塔菲特 (Joe Taffet) 教授的经济学课程后，我申请继续学习这位教授的高级证券分析课程。可能是因为我太好与人争辩了，或者是因为我的成绩并不够好，总之，他拒绝了我。在我毕业两年后，城市大学主动联系我，并邀请我教授这一课程，这份工作我做了好几年的时间。

　　1939 年 9 月，随着希特勒入侵波兰，第二次世界大战在欧洲爆发了。也正是在这个时候，我关于心理在市场中的作用的思想开始初步成型。战争爆发的数月前，市场上就已经谣言四起了，并且每传出一个谣言，股市就会大跌一次。然而，当战争成为了既成事实，股市又开始飙升，因为投资者们都在争抢重工业、国防、糖业和航空业公司的股票——一战时期这些行业都获得了迅猛的发展。尽管当时的世界相较于 1918 年已经有了很大的不同，但所有人都把这次战争视为一战的重演。然而这次战争其实并不相同，那些在战争初期一飞冲天的股票，最终的表现都很糟糕。而父亲的做法大不相同，他在战争初期出售了所有与战争相关的股票，并购入了零售公司的股票，尤其是连锁公司和百货公司，如国家百货公司 (National Department Store)、州际百货公司 (Interstate Department Stores) 以及联邦百货公司 (Federated Department Stores)。这些公司的业绩都异常优秀。他的推测是，战争过后，与战争相关的商品将失去市场，但是战时获利的消费者对于零售商品将会产生巨大的需求，因为限额配给的原因，他们没有机会在战争时期购买到这些商品。

父亲所犯下的一个错误在于，他本以为战争不会持续太长的时间。1940 年，我的学习成绩单尤其糟糕，一直在等待着合适的时机将它拿给我的父母。当我在收音机上听到希特勒已经入侵比利时、荷兰和法国时，我知道时机成熟了。我知道父亲一定会紧盯着收音机，所以我冲到母亲那里，让她在成绩单上签名。我记得父亲当时说，这次入侵是"绝望者的最后挣扎"。然而我们都知道，这场战争又持续了五年。

第二次世界大战期间，股市意想不到的反转告诉我们，人们对于股市和经济发展的预测存在着根本性的不足。我们所能做的永远都只是回溯过去、预测未来，但生活是动态的、不断改变的，所以我们的预测所依据的假设也必然会是错误的。与此相反，父亲试着从结构上观察现实状况：在新的形势下，利润可能流向何处？哪些公司有着充分的优势来利用这一新形势，它们都价值几何？本质而言，父亲所从事的是价值投资，这种投资方法最初由本杰明·格雷厄姆(Benjamin Graham)提出，后由他的学生沃伦·巴菲特(Warren Buffet)继承发展。

某种程度上讲，所有投资都是价值投资。任何购买某只股票的人都会设想这家公司未来的价值。问题在于，预期的回报是否能大过无风险投资项目，例如美国长期国库券，以补偿投资者所承担的风险。随着时间的推移，每个人心中都会有自己的盘算，并且风险溢价会随着特定时期的市场情绪而变。在20世纪30年代，15%的回报预期就足以让投资者尖叫；而在90年代末的非理性繁荣时期，相同的回报率对于投资者来说却是寡淡无味的。

战争平息下来的1945年，我应征入伍。在佛罗里达州杰克逊维尔市(Jacksonville)的布兰丁营接受了基本的训练后，我被派往德国，并被分配到柏林的一个战斗工兵团，负责滕珀尔霍夫机场(Templehof Airport)的重建工作。我非常渴望了解刚刚投降的德国在这段时期的国内状况，所以我申请调往（美国）军事政府办公室——尤其想要进入其中负责美术和古迹的部门。

我在德国的战后之旅进行得并不算糟糕，考虑到德国在战争时期所犯下的恐怖罪行，这也许听着有些奇怪。我对这个国家充满了无限的私人好奇。天性的乐观（遗传自我的父亲），让我花费了大量的时间去了解德国人。

不过，仍然时常会有一些零星的评论，像是来自坟墓中的低语，提醒着我德国反犹主义的恐怖。有一次当我和一位年轻的德国女性交谈时，她漫不经心地说道："你说德语的方式很像犹太人。"无须多言，她的这句简短评论结束了我们的谈话。

我思考了许多，我想知道如此的邪恶是如何从这些我所遇到的体面人身上迸发出来的。在我的一封家书中，我写道："我现在相信，国家的行为和个体的行为之间是没有直接关联的。我在这里所遇到的各个种族的人，他们都和蔼可亲、友善大方。但正如阿尔伯特·爱因斯坦所说的，'民族主义是文明的瘤疾'。"

即便是在德国的时候，我也从没有丧失对证券市场的兴趣。在给哥哥杰伊的一张便条中，我写道："各类证券现在的出售价格远高于其可能包含的内在价值，你也许还没有意识到我们已经如此接近这一极限，所以如果有任何迹象表明收益的趋势已经改变，抛售你的债券！记住，二战起于 1939 年。"这个简短的便条中，包含了我从父亲那里学习到的投资方法的精髓。

THE MIND
OF
WALL STREET

———————

第 3 章

发掘被刻意隐瞒的机会

当山姆大叔不再需要我为他服役时，我不知道自己未来想要做些什么。尽管我很喜欢弹钢琴，但是音乐这一选项已经被排除了，因为我的确没有什么天分。我也曾有过从事进口贸易的想法，但我其实对投资更感兴趣。父亲为我在赫希经纪公司(Hirsch and Company)安排了一场面试，他也是这家公司的客户。这家公司在曼哈顿、日内瓦和巴黎都设有好几家办事处，对于一个刚刚起步的年轻人来说，这已经是一家非常大的公司了，但实际上这只是一家中等规模的公司。由此，在1948年我成为了华尔街上的一名初级证券研究分析员，正式开启了自己的职业生涯。赫希公司位于布罗德街(Broad Street)25号，那是金融区的核心地带。那时候的证券还需要亲手交付，所以把各个投资公司聚集到一起是非常有意义的。

我的第一份工作并没有什么重大意义。人们往往会为自己的第一份工作而烦恼——这份工作适合我吗？薪水合适吗？但最重要的事情就是走出去，并开始工作。很少有人能把第一份工作做到最后。我觉得，人们只要先做点什么，他就能够更加轻易地找到自己的真实兴趣所在。

由于股市暴跌和大萧条毁掉了许多人的生活，华尔街早已不是年轻人择业的首选。许多聪明的年轻人更愿意进入政府部门——回想一下富兰克林·罗斯福 (Franklin Roosevelt) 的智囊团——或者是进入企业攀爬职场阶梯。所以，我的大部分同行对手都是被 30 年代的大崩盘搞得神经过敏的市场老手。华尔街也是显赫家族安置不成器的儿子的好地方。这些太子党们通常都有固定佣金，以及长期合作的投资银行来作为自己的客户。并且，当时的市场也正在持续从大萧条中恢复元气（二战后的经济繁荣），在这样的大环境中再失败，那这些太子党们真就是名副其实的低能儿了。人们并不需要多机敏，就可以在华尔街赚到钱——除非你是一个纯粹的门外汉，同时又没有家族资金和私人的关系网络。

这就是困难所在。那个时候，聪明的犹太年轻人在华尔街的去处十分有限。在华尔街有天主教公司，例如，美林公司。WASP（盎格鲁 - 撒克逊裔白人新教徒）公司，例如，布朗兄弟 (Brown Brothers)、哈里曼 (Harriman)、怀特 (White)、韦尔德 (Weld)；以及少量的犹太人公司，例如，高盛 (Goldman Sachs)、雷曼兄弟 (Lehman Brothers)。这些公司彼此之间有生意上的往来，但是他们往往只雇佣同类人。摩根士丹利 (Morgan Stanley) 不仅是一家 WASP 公司，还与普林斯顿大学有着千丝万缕的关系。这也会令这些公司套上家族羁绊。

事实上，当时的华尔街是美国最排外的区域。因为一家公司的资金只能是来源于一个合伙人的家族，所以这家公司通常也会由家族后代所继承。在 20 世纪 50 年代早期，成为这种特权俱乐部的一员，意味着你财务失败的风险和 70 年代中期沙特阿拉伯国王的侄子一样小。

第 3 章

发掘被刻意隐瞒的机会

尽管一场美国经济的大繁荣已经蓄势待发，很多人对此却一无所知。在我进入华尔街的时候，我们正处于二战后最长熊市的中程。它开始于 1946 年，并一直持续到了 1949 年，甚至又花费了 16 个月的时间，股票的价格才恢复至 1946 年的水平。这次熊市是联邦储备委员会 (Federal Reserve Board) 送出来的厚礼，它把保证金的比例提高到了 100%，以遏制战后的投机狂潮。大萧条的心理后遗症对于当时的市场的影响太大了。保证金借款在 1929 年的大崩盘中所扮演的角色，依然鲜活地留存在民众的记忆中。美联储不仅将保证金比例从 40% 提高到了 100%（这迫使投机者不得不出售股票，以满足保证金要求），还出台了一项规定，即有保证金负债的股票卖家，其出售股票的收益只能用于偿还债务。这些规定大大冲击了道琼斯工业平均指数 (Dow Jones Industrial Average)，使其在三个月的时间里下跌了大约 25 个百分点。

彼时的投资氛围极其保守，因为股市背负着法律和民众态度上的两大负担，摆在投资者面前的机会也很有限。纽约州的信托基金最多能够将其 25% 的资金投入股市，但是大多数的受托人还是会选择将所有的投资组合都放入债券市场。

这一分析的逻辑在于，股票的内在风险比债券更高，因此应该为投资者提供一个"风险溢价"。这个溢价必须能够抵消债券的优点，比如，债券在到期日将会有一个保证价格，债券发行者必须派息（一种可自由支配的利息），并且，甚至是在公司破产时，债券持有者都能拥有公司资产的优先求偿权。这同时也表明，人们并不担忧通货膨胀。

当时股票交易的人数和频次都很少。在 20 世纪 50 年代，只有 5% 的美国人拥有股票，而如今这一数字已经超过了 50%。股票行情观察者必须非常有耐心，因为道琼斯每小时只更新一次工业平均指数，即便如此，更新时间还常常会延后。

　　那时的股票数量要比现在少得多，而且交易的频率也要低得多。每天的股票成交量数以十万计，相比之下，如今的成交量是数以亿计（21 世纪初的上市股票数量是 1955 年的 100 多倍）。在 20 世纪 50 年代早期，纽约证券交易所 (New York Stock Exchange) 每年大约有 15% 到 20% 的股票参与交易，到了今时今日，股票换手率已经达到了 106% 左右。

　　在我进入华尔街的时候，人们对于风险的恐惧超越了他们对于利润的渴望。而在之后的五年里，我见证了人们投资态度上的戏剧性转变。贯穿在这些变化中的是，贪婪逐渐压倒了人们对于风险的恐惧，直至投资者将理性和谨慎弃置一旁。当人们在追逐着他们的财富梦想时，另一种转变也在悄然上演——下一场危机正在不断积蓄力量，它将再次刷新人们对于风险的认识。当然，在我进入市场时，恐惧仍然占据着主导地位，而也许正是这种恐惧为接下来 15 年的市场繁荣创造了理想的心理状态。

　　首先，股票的价格被低估了，这不仅仅包括破产公司和情况很不明朗的重组或分拆公司的股票，还包括诸如蒙哥马利·沃德 (Montgomery Ward) 和西尔斯·罗巴克 (Sears Roebuck) 这样的大型零售商公司的股票。我记得蒙哥马利·沃德的总裁史威尔·艾佛瑞 (Sewell Avery) 当时认定，美国将会再次陷入大萧条，并因此而拒绝把公司大把的现金用于投资。西尔斯公司的管理人员面对的是相同的大环境，但他们却将购物中心的演变视为未来的发展方向，并在外地投资建设零售商店。最终，西尔斯成为了零售行业的巨头，而蒙哥马利·沃德却被深埋入历史。知名经纪公司大都只专注于大型企业，却忽视了这些企业巨头背后复杂且隐晦的现状，但即便如此他们往往也能够获利丰厚。不过，这为进取且

第 3 章

发掘被刻意隐瞒的机会

勤奋的股票分析师创造了巨大的机遇。

我的起始工资是每月 150 美元，大约相当于 90 年代股市高涨时期初级分析师薪酬的百分之一（尽管公司承诺，只要我工作出色，他们就会为我大幅度加薪）。不幸的是，赫希公司的研究部门并非投资界的一盏明灯。起初，我的工作就像是今天一位职责被削弱的分析员：仅仅是为公司提供一个理由来获得佣金和业务。

我的目标与此不同。我渴望发掘价值被低估的宝石，希冀在被其他分析师忽视和误解之处寻觅价值洼地。一言以蔽之，我想以钱生钱。为达成这个目标，我专注于市值较小的公司，并坚信其他分析师更有可能会忽视它们。

然而，几乎是在踏出第一步时，我就遭遇了挫折。我知道，如果我不是经纪人或分析师而是个人投资者的话，我将会在股市中赚得更多的钱。此外，我是赫希公司少数几个懂得如何评估证券价值的员工。但是，作为一个职责内容甚至包括回复邮件这种低端工作的初级分析师，我很难让公司的其他人注意到我的报告。

我并没有就此沉浸在苦闷之中，而是将挫折变成了转变方向的契机。我通过一位朋友（我在唐森德哈里斯高中的一位学长）找到了《巴伦周刊》(Barron's)的编辑罗伯特·布莱贝格 (Robert Bleiberg)。布莱贝格同意让我匿名或是用诺埃尔·萨缪尔森 (Noel Samuelson) 这个笔名（Noel 是将 Leon 反过来拼写，Samuelson 是我母亲婚前的姓氏）在周刊上发表文章。发表文章是我们所有人都幻想过的美妙之事，但是却鲜有人能够体验到它。

对于一位精明的投资者来说，最糟糕的情况莫过于"有效市场"的存在。在有效市场中，所有信息对于所有参与者来说，都是可获得且可理解的，并且，这些信息能够充分反映到证券价格之中。不过，你大可不必担心——这样的情况永远都不会出现。相反，创造机会的因素是情绪以及变化。比如恐惧，它能够驱使证券价格远低于其公允价值；而造就未知的变化，能够让那些想要智取市场的参与者惊慌失措。在后一种情况中，投资者拥有政府这一最佳盟友。政府总是想要通过立法来确保公正，或是改善市场的运转方式，而这些举动通常都会为投资者创造独特的机遇和环境。

《公用事业控股公司法案》就是其中一个很好的例子。这项法案是大萧条的产物，并获得了当时的美国总统罗斯福的支持，其目的是打破公用事业控股公司的垄断势力。它迫使公用事业公司分拆成多个子公司，但若要评估这些新兴公司的价值却是极其困难的。控股公司结构 (Holding Company Structure) 是以巨量的杠杆作用为基础（《公用事业控股公司法案》将其禁止）。联邦和南方 (Commonwealth & Southern) 控股公司（一度由温德尔·威尔基主管）拥有多家子公司，包括俄亥俄爱迪生电力公司 (Ohio Edison) 和南方电力公司 (Southern Company)。这些公司反过来持有运营公司的资产。依据《公用事业控股公司法案》的规定，联邦和南方控股公司的每位股东都将会获得俄亥俄爱迪生电力公司和南方电力公司的股份，这允许勤勉的分析师可以无视股票价格而评估公司的资产。

另外一家被《公用事业控股公司法案》的离心力分拆的公司是美国及国外能源公司 (American & Foreign Power)。因为法案要求该公司进行改组，这家公司就发行了新的次级债券和普通股。要对这家公司进行估值会非常困难，部分原因在于它拥有分布广泛的资产（包括像阿根廷电力这样的子公司），但是我的研究使我相信，这是一家实际价值远高于其市场价值的公司。我在赫希的同

第 3 章
发掘被刻意隐瞒的机会

事对我的分析并不感兴趣，所以我以诺埃尔·萨缪尔森的笔名在《巴伦周刊》上公布了我的发现。文章发表后不久，研究主管就来到了我的办公室，并把《巴伦周刊》扔到我的桌子上，说道："你看，里昂，这个叫萨缪尔森的人说得好像有些道理。"如今回想起来，很显然，战后几年最为稳妥的致富途径，就是仔细审查那几十家因《公用事业控股公司法案》而被拆分的公司。

也许是因为业务发展缓慢，赫希公司主管个人理财业务的合伙人丹·皮尔斯 (Dan Pierce)，提议让我向任何有意在赫希公司开设账户的个人兜售我的研究。但是，我的佣金却被固定在了我所引进业务的 25%，而非为普通客户的账户代表所设定的 33%。我很快意识到，这两个比率之间所差的 8% 甚至比我每月的工资还要高。通过迫使我以这种折扣后的佣金费率进行交易，赫希公司事实上是免费得到了一名分析师来为其卖命。我把自己的感受告诉了皮尔斯，但这完全无济于事。

自此之后，每次听到其他员工对于赫希公司有不满的怨言，我就会非常感兴趣。证券经纪人麦克斯·奥本海默 (Max Oppenheimer) 是公司最成功的几位销售人员之一。他是外国移民，高高瘦瘦，戴着一副眼镜，说起英语来夹着浓重的德国口音。他曾在德国伍兹堡 (Wurzburg) 做过香烟推销员，在逃离希特勒控制下的德国后，他仍旧与犹太难民团体保持着密切的联系。

麦克斯偶然购买了我推荐给他的股票，并且获利颇丰。他对公司的不满与赫希制定的反对使用特大马克 (sperrmark) 进行交易的政策有关（特大马克是德国马克的一种，用于赔偿那些被纳粹政府没收财产的民众）。特大马克可以在德国流通，但是不能兑换为其他货币。麦克斯在纽约不断遇到希望将特大马克兑换成美元的难民。因为投资公司能够将这些马克带到德国使用，麦克斯就认为，可以通过在美国建立特大马克的交易市场来获取利润。

赫希公司不愿改变它的政策。其中的原因可能是，面对麦克斯的难民客户，公司难免会有一些嫌贫爱富；另外，要兑换这些马克，还会遇到许多可行性方面的问题。兑换特大马克将会是一个冗长而烦琐的过程，每次交易都要通报银行并通知客户。但因为麦克斯是一位非常有价值的员工，合伙人同意他在公司事务所的一间玻璃幕墙会议室中设立自己的独立公司。麦克斯成为了企业家，他还找到了一位牙科医生，这位牙科医生愿意把他在纽约证券交易所的席位借给麦克斯。就这样，麦克斯和他的两个合伙人用 10 万美元的借贷资本，成立了奥本海默公司。因为没有办公室租金，也没有后勤费用，奥本海默从一开始就十分成功。麦克斯甚至不用购买股票行情收报机，因为透过玻璃墙，他就能够看到赫希公司收报机上的行情显示。

我对这家新公司很感兴趣，还给麦克斯和他的合伙人送了一大束附有祝福卡片的鲜花，以祝愿他们能够一切顺利。他们比我想象的还要高兴。几个月后，当他们邀请我作为合伙人加入公司时，我知道我所做的一切都是值得的。

1951 年，在我 26 岁生日的时候，我以合伙人和研究主管的身份加入了奥本海默公司，并投入了 1.25 万美元的个人资金（大约占我当时净资产的四分之一）。我知道投身这家公司，我赚的钱将会比在赫希时更少，但最为重要的是，在这家公司中我将会获得更多的机遇。数年之后，我偶然阅读到了亨利·基辛格书中阐述 (Henry Kissinger) 的深刻思想，并进而领悟了战略定位的本质。他写了一本名叫《重建的世界》(*A World Restored*) 的书。这是一本关于维也纳会议 (Congress of Vienna) 的著作，书中写道，平庸的外交官总是会牺牲长期的利益，以换取短期的地位提高。感谢所有的挫折，也许正是因为它们，我在赫希

发掘被刻意隐瞒的机会

的第一份工作有了不可估量的价值，使我发现了自己真正的兴趣所在。

除麦克斯外，另外的两位合伙人雨果·黑克施(Hugo Heksch)和阿尔贝特·杜波(Albert Deuble)也都是德国人。奥本海默公司还有三位秘书，其中的两人互相嫌恶。在公司初创的那些年，德国人真的是无处不在，我和我的秘书玛尼·科恩(Marni Cone)自称为英语同盟。每当周六中午股市闭市的时候，我就会和合伙人们在庐州饭店吃午饭。这是纽约的一家传奇饭店，我已故的朋友本·桑南伯格(Ben Sonnenberg)（一位杰出的公共关系经理），曾将其描述为唯一一家使用中文名字的德国饭店。

在我加入奥本海默半年后，我们举办了一个圣诞派对，而为我们提供食物的正是我们公司的一位客户。我们的这位客户自己拥有一家熟食店。尽管我们只是一家毫不起眼的小公司，麦克斯还是秉持等级制度，为所有的合伙人预留了火鸡三明治。不惜成本的麦克斯还告诉我们，他聘请了一支管弦乐队来表演助兴。这支所谓的"管弦乐队"不过只是一支单人乐队，不过他却有着各种设备，可以同时演奏口琴、手风琴、鼓和其他乐器。从成立之初，奥本海默就不是一家典型的华尔街公司。

作为一个单人研究部门，并且运作预算又极为有限，我根本无法与华尔街的大公司相竞争，但是门面功夫总是不能少的。我记得有一次高盛公布了一份丹佛与格兰德河铁路公司(Denver and Rio Grande Railroad)的研究报告，而我很想拿到这份报告。彬彬有礼的高盛研究部门告诉我，他们愿意为我保留一份副本。我说道："太好了，我这就派人去取。"于是我就穿上雨衣，直奔附近的华尔街 40 号而去了。

那个时候，我的研究工作整体而言处于十分尴尬的境地。我自己是一个有雄心壮志的年轻人，为自己设定了很高的标准。我还明确表示，在没有参观过一家公司的办公室，并且和公司高管交谈过的情况下，不得发布有关这家公司的任何报告。因为我天性害涩，所以我在将这一政策付诸实践的一开始，就遭遇了困难。

我的第一个目标是船舶公司莫尔·麦科马克 (Moore McCormack)，因为当时船舶行业享受了一系列的补贴和保护政策，而且这家公司的市盈率和收益率都很低。我安排了一次与他们的执行副总裁的采访，但当我走进他的办公室时，我变得不知所措了。在经过几分钟尴尬的沉默后，他说道："曾经有来我这里的分析员问了我许多无聊的问题，也有来我这里的分析员问了我许多优秀的问题，但我还从来没有遇到过不问我问题的分析员。"

麦克斯不会放过任何一个引进新客户的机会。奥本海默在《建设报》(*Der Aufbau*) 上为我的研究报告打了广告。《建设报》是在纽约发行的德国难民报纸，如果有人根据广告打电话或写信过来，这个人的信息将会被交给一位股票经纪。麦克斯还会招揽来公司兑换特大马克的难民。麦克斯不管去哪里，他都要先找到当地的德国难民团体。后来我们都开始有些害怕他去旅行了，因为每次他回来，我们就会多一家办事处。我们完全可以根据奥本海默办事处在各地的兴办顺序（法兰克福、戛纳、布宜诺斯艾利斯、蒙得维的亚、圣保罗），了解到麦克斯当时的行程。

对德国人的重视也扩展到了我们的投资上。在德国长大的麦克斯，对于《外侨财产托管法案》所带来的机遇驾轻就熟。该项法案授权美国政府廉价抛售二战期间没收的在美德国人的资产。经过一番调查后我们发现，其中有一些财产属于诸如法本公司 (I. G. Farben) 这样臭名昭著的企业巨头。

第 3 章

发掘被刻意隐瞒的机会

在调查根据该法案被抛售的一家公司时，我强烈感受到——我为自己选择了正确的道路。我调查的这家公司名叫联合电话电报公司 (Associated Telephone and Telegraph)，它是电话集团企业西奥多·加里 (Theodore Gary) 的国外子公司，并且是一家由美国人控股的公司。因为分散的持股比例，要评估这家股权怪物公司的价值并不容易，但我仍然着手设计出了该公司的综合负债表。这是一个非常烦琐的项目，为此我经常工作至深夜。在不断深入挖掘这家公司背景的过程中，我了解到的该公司的股价几乎与它每年的盈利相当。如果能够成功投标这家公司的资产，那对于我们来说将会是一次巨大的机遇。

当我环顾四周空荡而昏暗的办公室，我人生中第一次意识到，我的局限就在于我自己，与我的合伙人无关。我尽可能地控制住了我的命运，这一点让感到我心满意足。

但我这种愉快的心情很快就被我的报告的多舛命运所冲散。我说服了我的合伙人，使他们认识到了这家公司的隐藏价值，但是我们公司却只能够抽调出几百万美元的资金。在外侨财产保管机构的眼中，这样的一笔资金甚至不能构成一次正式的投标。因此，我下定决心，如果我们自己不能赢得这笔资产，那我们就要去找一个资金更加充裕的投标人，并向他索取一笔中介费用。我把自己的报告交给了格雷厄姆和纽曼 (Graham and Newman) 公司的主管，这里是本杰明·格雷厄姆的商业投资大本营，我觉得这家公司的人能够理解我的投资分析逻辑。

他们确实懂得我的报告的价值，也中标了这家公司，并从中获利了几百万美元。但是格雷厄姆的合伙人米奇·纽曼 (Mickey Newman) 只给了我 250 美元的中介费用。我怒不可遏，并且威胁说要起诉他们。纽曼把费用提高到了 1000

美元，这已经足够阻止我进入法庭，但是相较于我这样一个发现者的预期，这点钱还不足其1%乃至2%。为发掘联合电话电报公司内含的机遇，我付出了太长时间的辛勤劳动。

我很生气，但是我没有理由相信本·格雷厄姆自己牵涉到了他的公司对我的失信行为之中。事实上，纽曼根本不会让我见到格雷厄姆。格雷厄姆把他的全部时间都给了他的公司，以及履行他作为哥伦比亚大学教授的职责上（在哥伦比亚大学，他的一位名叫沃伦·巴菲特的年轻学生对于他的课程非常用心，并且巴菲特在掌舵伯克希尔·哈撒韦公司40年的时间里，证明了价值投资理论的非凡价值）。

价值投资是股票投资的一种方法，而这种方法几乎就是投资股票的黄金法则。分析师对于一家公司股票的研究，归根结底是在评估这家公司对于个体拥有者来说在未来的某一时刻的可能价值。这个理念很简单，但执行起来却是困难重重，因为有太多的变量会影响到一家公司未来的价值。对于一家公司资产的价值评估，涉及公司的管理层、眼下的运转状况以及市场对于这一行业的态度。管理层变动、个性冲突、技术和品味的改变、信贷可得性、国内外竞争、经济因素（如利率）、原材料和人才的获得、税收政策的改变——影响因素不胜枚举——所有这些变量都会影响到一家公司的价值评估。

一般而言，分析师会通过审视一家公司的过往历史，来评估这家公司未来的发展前景。毕竟，他们也没有什么其他可以参看的了。然而，即便他们对于过去拥有全盘的了解，但若认定过去存在的某些条件会延伸至现在乃至未来，仍旧会是一种想当然的错误。

也许这就是为什么新近的一个完美市场概念——"有效市场"——会显得

发掘被刻意隐瞒的机会

如此诱人。在这个市场中，当前的商品价格能够反映出所有可获得的信息。完美市场假定价格能够反映当时所有事前的研究。那些信奉有效市场的人（我当然不在其列），也相信股票从来都不会被高估或低估。他们认为有效市场是不可战胜的，你唯一需要做的就是把你的钱投入某个指数基金中。这里存在的一个问题是，所有的股票相对于另外一只股票，其价格或许都是合理的，但是整个市场可能已经被低估或者高估了。

短期来看市场也许不是有效的，但是随着时间的推移，它终将变得有效，尤其是在消磨掉那些屈服于诱惑，将利润视为自身天才之证明的人的自负后。在一个充满不确定性的世界里，支配天地万物的是概率而非规律；在这样的一个世界中，唯一不会变的也许就是，你所生活的时间越长，你在某个时刻遭遇小概率事件的可能性就越大。

当然，还有一些人相信市场是不可预测的，但这并不意味着投资者无法从市场的变动中获利。我的朋友查尔斯·史蒂文森 (Charles Stevenson) 是一名证券交易员，他创造了一套投资理论，并将之与航海相比较。20 世纪 70 年代，查尔斯每天都要在图书馆花费数小时的时间研究商品的价格变动。他将市场比作天气——你可能知道产生暴风雨的条件已经成熟，但是你发现自己仍旧无法预测这阵暴风雨会在何时、何地出现，以及它将行至何处。然而，在查尔斯看来，人们可以判定风向并随风而行，直到你发觉风向正在改变。而到了这时，你仍旧可以根据风向设定新的航线。

查尔斯遵循了他的这一理念，并且获利颇丰。当纳尔逊·邦克·亨特 (Nelson Bunker Hunt) 和威廉·赫伯特·亨特 (William Herbert Hunt) 两兄弟试图垄断白银市场时，查尔斯猜测白银的价格将会上涨。并且，他在亨特兄弟之前就察觉到了风向的变化。查尔斯带着巨额利润全身而退，而亨特兄弟却损失了一大笔财富。人们常常说，如果你跟随着众人的想法，那么你就能知道该在何时退出。不管背后驱动大众行为的逻辑是什么，你都能够在市场上获取收益。

我的做法并不相同。诚然，我也想要知道大众将走向何方。但在此之后，我会试着评定条件的变化将会如何影响大众的行为。如果我认为经济正面临着严重的衰退，我会努力预测其对大众的影响，并据此确定投资策略。当然，这也是父亲在试图预测二战结束后哪些公司可能受益时所做的事情。

我从不认为世界上存在着完美市场。尽管我非常清楚评估一家公司未来价值的复杂性以及其中的重重陷阱，但我相信对于公司未来成功或失败的概率做出明智评估是有可能的。时至今日，基于市场的可能走向做出投资决策也已经成为了可能，我们并不一定要投资某个特定公司的股票。

在 1951 年我们是无法使用这一投资策略的，因为当时尚没有指数期权和指数期货可供投资。当时同样没有出现的还包括有效市场理论，这一理论于 60 年代末期才被建立、发展起来。在 1951 年，市场的监管异常严格，信息的传播缓慢而又多寡不均。

尽管存在着这许多的限制，但对于那些懂得如何寻找机会的投资者来说，仍然有大量的盈利机会。企业高管们对于自由贸易和自由市场的空口支持，我从不会认真看待。一旦一家企业进入市场，它就会立即投入大量的资金用于游说政客设立新的障碍，以确保自己独占市场。近年来，纺织和传媒企业在这一方面的运作最为积极。纺织企业要求对廉价进口商品征收更高的关税，而传媒企业则试图保持他们对公共广播波段的控制权。那些在市场膨胀期鼓吹自由主义的企业家，一旦遭遇经济衰退，就会立刻变换为社会主义者的口吻，并开始向政府请求救援和保护。

1951 年，我作为研究分析员，遍查股票内部交易的月度报告，寻找种种活动迹象，好为自己寻找有前景的投资机遇。但在今天，这一做法将会变得更加困难。对于每一位在 1951 年寻找价值被低估的企业的分析员来说，今天可能要付出十倍的努力才能完成这一工作。我还发觉人们常常会重复自己的做法，因此，如果我弄清楚了某些精明投资者的投资模式，我就能够猜测出他们接下来的行动。

所以，我开始仔细研究企业高管和董事们的购买和出售行为。高管们的买卖行为都必须报告给证券交易委员会，并且交易记录要向大众公开。这样的规定让我得以欣赏到了两位投资大师的精湛技巧，一位是著名的保罗·格蒂 (J. Paul Getty)，另外一位则是几乎无人知晓的朔伊尔 (Sy Scheuer)。这两人都懂得如何利用股票市场的变幻莫测来逐步控制最有价值的资产。与今天只想获取即时回报的金融家不同，这些人有着异乎常人的耐心，以及构思和执行复杂计划的能力，其中的一些计划可能要花费数十年的时间才能获得回报。

投资要面临的一个主要问题是，要花费多长的时间才能获得预想的结果。各个行业的专业人士都会有一个在他们看来十分重要的时间表——经常把数十亿年用作计时单位的天体物理学家，无法体会气象学家眼中几小时和几天后的未来。这两类人又都会对考古学家感到迷惑不解，因为考古学家所计算的时间跨度要比天体物理学家短，但比气象学家长。今天的华尔街分析员的时间视野的边界可能只是一年。这其中的差别可以解释华尔街上的人们彼此之间为什么会如此多地谈论过去。如果我说，"联合鸡饲料公司 (Consolidated Chicken Feed) 的股票十分优秀"，我的一位同事可能会问，"下个季度它会不会出现亏损？"但是我并不关心下个季度的事情——我所关注的是接下来的几年甚至是几十年里，将会有利于这个行业和这家公司的战略和人口因素。

当谈到有远见的长期投资者时，也许没有人能够在回报周期上超越约翰·保罗·格蒂了。要弄清这个老谋深算的石油商人心中的所思所想可不是一件容易的事。他的投资策略是如此地精于算计，我甚至怀疑经手他的每一笔交易的经纪人，是否能够猜透他的全盘计划。对于我而言，格蒂提供了一个关于如何执行长期战略的研究案例。

20世纪30年代，格蒂意识到，通过购买拥有已知石油储量的上市公司的股票来获取石油的方式，要比自己全凭猜测的盲目勘探成本更低。当然，格蒂所瞄准的一般都是股票价格被低估了的公司，对这些公司的收购，还能够让他更为经济地提高自己石油公司的炼油和营销能力。也许最令人印象深刻的是，格蒂很清楚，他要花费数年的时间来实施他的收购战略。尽管如此，他还是巧妙地在一群投资者和竞争者眼皮底下完成了他的战略，要知道这些人随时都有可能挫败他的野心。

格蒂的机会出现在1934年。当时政府早已勒令拆分约翰·戴维森·洛克菲勒 (John D. Rockefeller) 的标准石油公司 (Standard Oil Company)，作为这次拆分的最后一个细节，米申公司 (Mission Corporation) 得以成立。米申持有另外两家石油公司的大量股份，包括拥有炼油和营销能力的潮水石油公司，以及拥有大量石油储备的斯克利石油公司 (Skelly Oil)。米申的股份被分散在标准石油公司的股东手上。当时，潮水石油公司在意大利那不勒斯的大型炼油厂只以其55%产能运转，并且这家公司的股价也持续低迷。格蒂在这家被低估的公司身上看到了自己的机会，通过其控股的太平洋西方石油公司 (Pacific Western Oil

Company)，他开始购入潮水和米申两家公司的股票。到了 1937 年，格蒂已经控制了米申，并且拥有了潮水公司 20% 的股票。借由米申，格蒂继续买入潮水，他还利用他在潮水的大量股份不断狙击其他觊觎这家公司的追求者。

格蒂是个传奇般的守财奴（在科威特，他发现自家工厂的厕所是用淡水冲洗时十分震惊，并下令自此以后下水管道一律使用海水冲洗），但他并非没有幽默感。有一次在参观潮水石油公司位于那不勒斯的炼油厂时，他抽时间参观了希腊的国立考古博物馆 (National Archaeological Museum)。这家博物馆以其收藏的古代艺术品而著称，其中就包括古罗马的半身雕像。在古罗马第一位皇帝奥古斯都 (Augustus) 实行统治之前，共和国雕塑学院广受民众欢迎，学院偏好现实主义风格，对于主体的缺点毫不掩饰，这与希腊雕塑及之后的罗马帝国雕塑理想化主体形象的风格截然不同。格蒂在经过一个半身像时说道："这是我的好朋友乔·斯克利！"（事实上，斯克利是他的死对头）。没过多久，他又看到了另外一个半身像，并说它像是潮水石油公司的总裁。博物馆中所展示的雕塑，都变成了格蒂完成他的石油帝国战略所需要扳倒的石油大亨。

1948 年，当格蒂部署新的策略以获得潮水公司的控制权时，这局棋赛也进入了关键的收官阶段。米申公司成立了米申发展公司，并将米申长期以来控制的潮水公司股份转移到了这家新公司。为节约资金，格蒂说服雷曼兄弟 (Lehman Brothers) 签下交换协议，用新发的潮水优先股来交换其账户下的潮水普通股。

这种交换还有另外一个目的。格蒂通过使用米申的股票来交换潮水的股票，增加了他对潮水剩余股票所有权比例，同时又不需支付额外的费用。这一手法称为"缩水"，是投资者增加在一家公司的股份比例同时又无须投入任何资金的绝妙方法。很多投资者不使用缩水这一方法，因为这需要极大的耐心，并且要保持行动的隐秘性。

到 1950 年，格蒂成功拥有了潮水 45% 的股份，这也让他顺利地控制了这家公司。控制潮水公司后，米申和米申发展也都已经完成了它们各自的使命，格蒂最终将它们合并进了格蒂石油 (Getty Oil)。甚至在我加入奥本海默以前，我就已经注意到了这场投资大戏的展开，并且通过阅读证券交易委员会的内部交易报告，拼凑出了格蒂的全部计划。作为米申股票的稳定买家，我也有幸参与了这场好戏（并且还在《金融界》这本小杂志上发表了评论文章）。至于格蒂，他不仅完成了他的石油帝国的拼图，还在那不勒斯之旅中爱上了古代艺术。他结识一位曾帮助发掘赫库兰尼姆 (Herculaneum) 的考古学家。赫库兰尼姆是一座因维苏威 (Mount Vesuvius) 火山大喷发而被熔岩埋没的古罗马城市。这位考古学家陪同格蒂一起来到了赫库兰尼姆，并带他参观了当时正在被发掘的帕比里庄园 (Villa Papyri)。庄园的雍容典雅令格蒂感到震惊。后来，这座庄园也成为了格蒂博物馆 (Getty Museum) 的设计原型，格蒂在加利福尼亚州马里布建造了这座博物馆，并用它来收藏搜集到的艺术品。

格蒂在全球享有盛名，然而我所遇到的最精力充沛、最精明的投资者却是一个行走在这个星球任何一条街上都不会被认出的无名之辈，他就是朔伊尔。这个人用尽一切办法来让自己的名字远离报纸和财经杂志。格蒂的剧本是关于石油的，而朔伊尔的神来之笔则是关于煤炭，以及更为重要的运输这些煤炭的驳船和铁路公司的。为了控制这些公司，朔伊尔进行了一系列极其复杂的投资。我之所以能够注意到他，是因为内部交易报告显示，他在西弗吉尼亚煤与焦炭公司 (West Virginia Coal and Coke) 的占股比例不断上升。

在我所目睹过的华尔街的交易中，朔伊尔的操作方式是最为有趣的，它无关铁腕手段或是意图暧昧的举动。朔伊尔聪明地运用了税收法律和一系列的伟大策略。并且，和格蒂一样，朔伊尔也是"缩水"策略的战术大师。仅在以下所列举的一笔交易中，朔伊尔就赚了个盆满钵满。

朔伊尔最开始只是一个在阿根廷做羽毛饰品生意的商人，之后他进入了纽约房地产行业。20 世纪 50 年代初，他开始购入西弗吉尼亚煤与焦炭公司的股份，这家公司本是作曲家科尔·波特 (Cole Porter) 家族的私有企业。这家停滞不前的公司当时的煤炭业务已经奄奄一息。然而，朔伊尔却了解到，这家煤炭公司的背后还隐藏着一家异常繁荣的驳船公司，它是美国最大的驳船公司，其真实价值远不是其 600 万左右的市值所能够反映的。到了 1954 年，朔伊尔已经拥有这家公司 44% 的股票，并进而控制了这家市值被低估的公司，但是他仍然选择在暗处操作。根据证券交易委员会的规定，一旦个人持有一家公司的股份达到了 10%，他就需要登记注册。许多年后朔伊尔的儿子沃利 (Wally) 告诉我，朔伊尔是以他的五个孩子的名义购买的股票，以确保每个人的持股比例不超过 9.9%。最终，朔伊尔的会计说服朔伊尔公布了他所持有的股份。获得控制权只是一系列狡猾举措的开始，在他成功筹措到用于更大计划的资金后，他在华尔街投资者的眼皮底下完成了他胆大包天的市场游戏。

朔伊尔获得股份的成本介于每股 10 到 14 美元之间。当时股票每年的分红是每股 1.2 元，而朔伊尔所采取的第一步举动就是，削减并进而终止分红。几年后，他支付了一次分红，但不是以公司盈利的名义进行的分配。他声称这次分红是作为股本的回报，而他这样做的目的就是为了享受到免税政策。他辩解说，分红并不代表公司所获得的利润，但这一点只能够由联邦政府来决定。该公司也立刻寻求美国国税局 (IRS) 做出裁决。这花费了好几年的时间，因为为了证明朔伊尔的说法，相关各方必须回溯到 20 世纪之初，重构公司一战前陷入破产时的状况。

这场战役只不过是一项更加雄心勃勃的计划的序曲。朔伊尔获得了对自己有利的裁定后，便立即执行了一系列更加让人眼花缭乱的操作。俄亥俄运河公司 (The Ohio River Company) 是西弗吉尼亚煤与焦炭公司的全资子公司，这家驳船公司与公用事业公司签订了大量合同，负责将煤炭运到遥远的新奥尔良。问题就在于，这些驳船都是空载而归。正因此，朔伊尔四处奔走，发起并签订了一系列长期合同，好在返航过程中也为公用事业公司运送煤炭。

朔伊尔明白这些长期合同让这家驳船公司成为了事实上的公用事业公司，并且让他有了获得贷款的凭仗，因为银行能够从这些合同中看到可预期的回报。以政府的裁决做后盾，朔伊尔劝说管理层用整个驳船公司作为抵押获取贷款，并承诺在之后发放现金给股东作为股本的回报。公司顺从了朔伊尔的决定，而朔伊尔和其他股东也收获了一次每股派息 25 美元的暴利，要知道当时每只股票的交易价也不足 20 美元，并且这次分红是免税的。与其他的股东一样，我自己也兴奋不已。

因为大量的报税亏损，朔伊尔在接下来的举动中抛售了西弗吉尼亚煤与焦炭公司。之后，他提议用俄亥俄运河公司的股票来交换东部燃气燃料公司 (Eastern Gas and Fuel) 的股票。协助朔伊尔完成这一举动的是伊莱·戈德斯通 (Eli Goldstone)，这个才华横溢的男人帮助朔伊尔成功哄住了东部燃气燃料公司的董事们。东部燃气燃料公司曾经是大型集团公司科伯联合 (Kopper's United) 的一部分，同时也是因罗斯福推行的《公用事业控股公司法案》而被剥离出来的公用事业公司。

在说服东部燃气燃料公司的高管，让他们确信换股符合他们的利益后（这也让朔伊尔成为东部燃气燃料的最大股东），戈德斯通又开始游说董事会，让他们以为朔伊尔只不过是个行将就木的老人，作为董事会的一员，他不会造成任何麻烦。在首次董事会会议上，朔伊尔被警告说不要提起公司为董事会主席购买的飞机——当时拥有飞机要比现在奢侈太多。最终，朔伊尔没能克制住自己。他说他很担心董事会主席的安全，因为主席对于公司至关重要，而他却只能乘坐一架很小的飞机。这位主席回应道："我很高兴你提了出来，因为我一直在想着购买一架更大的飞机。"

和在西弗吉尼亚煤与焦炭公司时一样，朔伊尔控制了东部燃气燃料后，便立即让这家公司持续回购它自己的股票。后来，在我认识了朔伊尔后，他对我说："里昂，如果你想要让一只股票听话，那你就一直购买它。"几十年后，朔伊尔的洞见得到了证实。针对1239家公司的一次学术调查发现，那些通过回购减少了股票供给的公司，其股价表现优于其他股票具有同等价值却没有这样做的公司。不幸的是，如今人们对这一技巧已经运用过度，并且转向了更为短视的目的。只有在公司资金充裕，且股价跳水时，回购股票的行为才能算是明智之举。正如沃伦·巴菲特曾经指出的那样，谁不会为以50美分价格买断合伙人股权的机会而欣喜若狂呢？当然，随着可交易股票数量的减少，控股股东的持股比例也会相应扩大。

然而，在股价处在历史高位或接近历史高位，且是其收益的好几倍时，回购股票就完全是另外一回事了。如果公司在这个过程中背上了债务，就像一些公司为完成并购所做的那样，那么情况将变得更加糟糕。因为一旦股价回落，公司只会剩下增长了的负债和减少了的资本。近年来，越来越多的公司，尤其是 IBM，采取了非常激进的股票回购策略，以提高每股的收益。如果一家公司一年之中回购的股票超过了其发行量，那么即便这家公司总利润保持平稳，每股的收益也仍旧会提高，因为参与分红的股票变少了。

东部燃气燃料公司的资产之中，包含了历史上著名的铁路公司诺福克和西方铁路 (Norfolk and Western) 公司 25% 的股份。朔伊尔认识到，这些资产为他提高对东部燃气燃料公司的控制力，同时又无须付出任何代价提供了另外一个机会。他用一股诺福克和西方铁路公司的股票，换取东部燃气燃料公司股东手中两股的股票。换股的过程中，公司会注销新回收的股票，随着已发行股票的缩减，朔伊尔在该公司的持股比例也不断提高(其余股东的持股比例同样如此)。

借由每股 25 美元的分红和缩水策略的运用，朔伊尔收获了数百万美元的暴利，并且，他还是在法律许可的范围内完成的这一壮举，尽管他确实使用了一些比较强硬的手段。此次投资的很大一部分功劳应该归于朔伊尔的税务顾问，斯尔沃索尔和吉尔伯格公司 (Silversoll and Gelberg) 的哈里·斯沃森。在担任顾问的过程中，斯沃森在东部燃气燃料公司也积累了自己的一小部分股份。斯沃森去世后，朔伊尔劝他这位好朋友的遗孀出售掉斯沃森的股份——当时朔伊尔正在回购股票同时也在缩减流通股。尽管朔伊尔是一位出色的投资家，但他可没有阿尔贝特·施韦泽 (Albert Schweitzer) 的胸襟。

透过对内部交易报告的研究，以及所能收集到的有关朔伊尔正在购入股票的公司的信息，我自远处注视着朔伊尔的一举一动。此次研究更像是密码破译或者说情报工作。只是查看西弗吉尼亚煤与焦炭公司的年度财报，是不可能确定驳船公司的盈利的。要确定盈利，我必须到州际商务委员会 (Interstate

Commerce Commission) 查找备案文档。当我发觉这家公司煤炭的下面的确藏有宝石，我和我的同事阿切尔·舍尔 (Archer Scherl) 在《巴伦周刊》上发表了一篇关于此事的匿名文章。此外，朔伊尔从他的场内经纪人，赫特尔曼公司的里奥·戈德华特 (Leo Goldwater) 处获悉，奥本海默的一些人对西弗吉尼亚煤与焦炭公司很有兴趣。朔伊尔最不想要看到的就是他的计划被张扬出去，然后被他人所破坏。他期望戈德华特能够联系到我们的场内经纪人，并安排一次会面。

彼时，60 岁的朔伊尔是一个高大、颀长的结实男子，而我的年龄只有他的一半。在他位于中央公园西部路 (Central Park West) 的寓所中，我们开始了此次会面。他开门见山讲道，铁路和煤炭行业的现状非常糟糕。与他见面前我也早已做足了功课，我告诉他我了解到有一位买家想要买他的股份。朔伊尔当然不想话题在这里继续展开，他试图令我相信，我的所有分析都是错误的。但我的分析确凿无误。我感到朔伊尔想要让我把我的股份也出售给他，在这一努力失败后，他开始把他的一些家族生意转入奥本海默。这是我们合作的开始，并且这种合作关系一直持续到他在 1979 年逝世为止。他对市场的洞察令我受益匪浅，但这位神秘而谨慎的大亨从未透露他的投资才华的细节。

格蒂和朔伊尔都是耐性十足的谋士，他们的计划深远宏大。对于他们的计谋的解构，让我见识到了发掘和捕捉财富所需要的强大自律、战略构想和超凡毅力，而这些财富就潜藏在那些被忽视、被低估的公司的收支清单中。从某种意义上说，这两个人与安然和世通公司的会计魔术手截然不同。如今，在这两家公司以及许多其他的公司中，高管们利用他们对于收支清单的了解来说服公众相信并不存在的收益，隐藏实际存在的支出。格蒂和朔伊尔的收益源自他们购买的价值被严重低估的资产，两人对于粉饰财报都毫无兴趣。他们的故事还让我们看到了一些能够为你在市场中带来成功，却也令人生厌的人格特质。但我并不需要这方面的额外经验，因为只要环顾一下奥本海默的办公室，我就能够看到那些难以相处却又野心勃勃的员工。

THE MIND
OF
WALL STREET

第 4 章

那些投资天才的个性

作为一支团队，我在奥本海默的同事和华尔街上的其他人一样积极而进取。在1962年去世之前，麦克斯·奥本海默一直都是公司的领袖，而在他去世后，我们组建起了一个强大的团队，并为奥本海默带来了远超麦克斯想象的发展。更为幸运的是，这个团队中资格最老、角色最重要的杰克·纳什，拥有充足的能力来管理这样一支不可能的团队。

在我加入奥本海默后不久，杰克也加入了进来，并成为了麦克斯的助理。当时他只有24岁，是纽约城市大学的毕业生。杰克出生在柏林，为了逃离希特勒和他手下的暴徒，杰克和他的家人先后来到瑞士和美国。杰克的非凡之处在于，他拥有我所缺乏的所有能力。他是一位坚毅的管理者，能够把握住一家成长中的公司的所有管理细节。此外，他还是一位杰出的交易员和精明的谈判者。1957年，杰克成为了公司的一位管理合伙人，从那之后，我们在一起合作了将近50年的时间。他是公司的"地狱犬"，责任是确保所有人都不会触碰道德底线，即便是在内心承受压力，外界规范也不那么严格之时。只要我们还是在一起开展业务，杰克就要确保我们的母亲不会在《纽约时报》上读到任何有关我们的不当行为的报道。

杰克对于股市在每日和每周的走势上，拥有天生的直觉。他的这一特长是我的判断能力的最佳补充，因为我更倾向于忽视市场的变幻莫测，而把精力用于寻找被忽视或尚未被发觉的价值洼地。在奥本海默后期的迅猛发展过程中，同其他人一样，杰克把所有人都凝聚在了一起，避免了公司陷入四分五裂的境地。

我的一部分职责是成立研究部门，并且我早就做出决定，绝不雇佣任何对大萧条保有记忆的人。这一举措非常划算，因为那些仍然对大萧条有记忆的人往往年龄更大，要求的薪水也更高。但某种程度上而言，我做出这一决定更多的是因为我认为心理对于市场有着很大的影响。我觉得关于大萧条时期股市崩溃的记忆，将会在我们需要果敢时，让我们滋生畏惧。

我也想要聘请那些身处股市，有胆略承担风险的人。我询问求职者的第一个问题就是，他们是否持有上市公司的股票。如果我得到否定的回答，那么面试也就结束了；而如果答案是肯定的，我会询问他最近一次的交易情况，以及他购买或出售某只股票的原因。面试期间，常常都会有求职者惊讶于我高度原创的思想。随着时间的推移，我们组建出了备受推崇的证券研究部。

我们有很多的早期雇员都是来自家族或朋友的推荐。阿切尔·舍尔是我们的家族朋友，1952 年，在他还在俄亥俄州上学的时候，他就曾在我们公司做暑期兼职。在接下来的 30 年里，他在奥本海默断断续续担任过分析员、基金经理和银行家。舍尔是一位律师的儿子，他在办公室装扮有些古怪，总是穿着开领

第4章

那些投资天才的个性

衬衫，头发又很长，要知道那个年代这些可还都不是流行之物。

我们也曾破除樊篱。奥本海默成为了首批雇佣女性证券分析师的几家投资公司之一。那是在 1956 年，我们聘请了弗朗西丝·海特 (Frances Heidt)。我是从弗雷德·施泰因 (Fred Stein) 处了解到她的信息，施泰因是一位非常能干的证券分析师和证券经纪人（他的妻子莎伦·施泰因曾打破禁锢，成为施罗德银行的总裁）。弗朗西丝是一个有大志向的年轻女士，但她可能并不适合做一名分析师。在性骚扰还没有成为普遍关注的议题前，我曾邀请她去吃饭。她说："里昂，我不能跟你去。我的父亲是一名工会的组织者！"

在接下来的几年中，我们雇佣了一大批分析师，他们的工作都非常出色。其中最令人难忘的是一个名叫罗德尼·怀特 (Rodney White) 的年轻人。1951 年，罗德尼自雪城大学 (Syracuse University) 毕业后，进入了耶鲁大学法学院 (Yale Law School)，但他却中途退学加入了美国海军。在海军司法学院的资格考试中他获得了最佳成绩，但是他选择成为了一名深海潜水员和水下爆破专家。在海军服役五年后，他又进入了宾夕法尼亚大学 (University of Pennsylvania) 的沃顿商学院 (Wharton School of Business)。当时，每天晚上他都会去演奏爵士钢琴，并以此支付学费。罗德尼同时还是一位了不起的运动员，并且，根据一连串为他倾倒的女性的说法，他还是一位伟大的舞者。

爵士钢琴家、舞者、水下爆破专家的结合体，这正是我想要寻找的分析师，所以在和罗德尼见面后不久，我就决定录用他。当罗德尼还在哈莱与斯泰格利茨 (Halle & Steiglitz) 工作时，他就曾经联系过我。当时他正在寻找关于伍尔沃斯 (Woolworth) 的信息，而这也是我在关注的一只股票。我转而开始向他询问问题，结果发现他并不满意现在的工作，所以要把他挖过来一点也不困难。罗德尼有我所见到过的最优秀的金融头脑,在公司的成长过程中,他也成为了我们的一位关键人物,并带领我们开办了机构销售业务。1969 年,他在一次意外事故中不幸逝世。

20 世纪 50 年代末,我遇到了一个名叫桑福德·伯恩斯坦 (Sanford Bernstein) 的年轻人,当时他在食品杂货连锁店费尔食品 (Food Fair) 担任董事长助理。一位为宝路华钟表公司 (Bulova Watch Company) 管理养老基金的熟人告诉我,伯恩斯坦非常能干。伯恩斯坦同时也是一个举止招摇的粗鄙之人 (至少在他移居以色列之前都是如此,后来他变得非常虔诚,去世后被埋葬在橄榄山上) 。工作时,他会穿着 T 恤衫,并用伦敦出租车上使用的高音电喇叭来传唤秘书。他很快就激怒了罗德尼。最终,他离开了奥本海默并创建了自己的公司——桑福德·伯恩斯坦公司 (Sanford C. Bernstein and Co.)。并且,他在离职时还带走了一批奥本海默的员工。对于这些离开的员工来说,伯恩斯坦并不是一个容易相处的人,但是金钱和职位的承诺显然战胜了个人情感。在这些被他带走的优秀员工中,有一个叫作罗杰·赫托格的人。他是我在城市大学教授证券分析时的一个学生,后来他成为了桑福德·伯恩斯坦公司的总裁。

因为不满足于只聘请两个互有芥蒂的传奇人物,我还邀请了尤金·芬顿 (Eugene Fenton)。他当时就职于纽伯格·伯曼公司 (Neuberger Berman),并且刚刚从纽约大学拿到商学硕士学位。芬顿不久便惹恼了桑迪 (Sandy) 和罗德尼 (并因此也惹恼了所有人) 。芬顿对于金钱有着超乎常人的狂热,他也不断地被自己的贪婪所削弱。

但不管怎样,尤金·芬顿的确是一位天才。在关于市场本质的思考上,他对我的影响仅次于我的父亲。他把市场比作足球比赛,球场上有 22 名球员,看

那些投资天才的个性

台上有 8 万名观众。尽管只有球场上的球员在跑动，但其实看台上的每位观众对于他们的表现都下了赌注。此外，球场上的人的动作会影响到看台上的人的情绪，而看台上的人的情绪也会影响到球员在球场上的表现。

芬顿在他的硕士论文中阐述了他的这一思想，这篇论文很可能会成为历史上鲜有的几篇能够为投资者所利用的硕士论文之一。芬顿观察到了股市变动的周期，并将其划分为五个阶段：积聚、升值、枯竭、分配以及清算。他还分析了 10 个相关因素之间的相互作用——如领先指标 (leading indicators)、美联储利率政策、信贷扩张和收缩、机构和个人投资者——以及它们在各个阶段中所扮演的角色。

芬顿对于市场心理学很感兴趣。他的一些思考在当时来说是极不寻常的。其中尤为特别的是，他看到了市场观察者的情绪与我们的直觉完全相悖的作用。简而言之，当市场处于重大的转折点时，市场预言者的判断通常都是错误的。市场的普遍悲观往往代表了最佳的买入时机，高涨的乐观情绪为我们吹响的是清仓的号角。

其中的因由如今已广为人知，并且不断地被新闻媒体所重述。在市场的普遍乐观期，大多数潜在的股票买家都已经进入了股市；反之，在市场情绪极度悲观的时期，投资者要么已经撤离了股市，要么正在撤离股市。这并不意味着专业人士总是错误的，但如果他们在很长一段时期中都是正确的，并且有了对他们确信不疑的追随者，那么他们最终又必然会是错误的。

芬顿的思想令我着迷。在我沉思这一悖论时，我找到了令市场发生转向的心理机制。例如，股价的不断下跌会引起人们的恐慌，并最终让人们抛售股票。但是，在他们加入恐慌大军，抛售股票的一刻，他们同时也解除了自身的恐惧，并成为潜在的买家。抛售行为消弭了焦虑感，人们重新镇定起来，并且手中还握有了购买股票的现金。

这听起来很简单，但是任何投资者都知道，情绪是一种强大的力量，要在市场处于深度悲观时期做出购买的决定并不容易，即便你的理智正在不断提醒你，现在正是 10 年来购入股票的最佳时机。一方面，你的朋友们都在进行着相反的操作；另一方面，悲观情绪有着看似合理的依据。尽管，你可能会告诉自己底部就在眼前，但是你永远都无法确认这一点。股票买卖并不是一门科学，也不具备科学所具备的因果关系。在一片恐慌之中，你可能会告诉自己，股市基本不存在进一步下跌的可能了，但你却不能说下跌是完全不可能的。无论这种可能性有多的微小，心生的疑虑都足以让投资者丧失勇气，裹足不前。

在 20 世纪 60 年代早期，汽车工业分析师查尔斯·布鲁尼以合伙人的身份加入了奥本海默。身高 6.5 英尺（1.98 米——译者注）的布鲁尼是一个气宇轩昂的男人，也是安·兰德（Ayn Rand）的忠实追随者。他同样有着一流的头脑，并且对事实和数字有着过目不忘的记忆力。他计算出了新汽车需求量和报废率之间的相关关系，这令他对于汽车行业的发展有了极佳的洞察力，甚至超过了汽车行业的高管们。后来，他又成为了一名航空业的优秀分析师。

没有了霍雷肖·奥本海默（Horatio Oppenheimer）上校，奥本海默公司的天才列表又怎会完整？他的肖像画至今还挂在我的办公室里。很早的时候，我觉得奥本海默需要一位既严厉又受人尊敬的高级合伙人，但我们又不想在这个人身上花费太多的金钱。有一天我偶然发现了一个完美的候选人，它就是一位 19世纪的海军上校的肖像画。画像之中，这位上校正襟危坐，手持八分仪，看起来像是一个极有决断力的人。与他的形象稍微有些抵触的就是他隐约所透露出来的惊慌表情，但是考虑到他在高居我办公室墙上后每天所看到的事情，这样的表情再恰当不过了。

我买下了这幅画像，并定做了一个小铜牌装饰在画框的底部，上面写着"霍雷肖·奥本海默上校：1775—1842 年"。有时，当我想要拒绝一项交易提议时，我就会搬出这位高贵的人物。我凝视着这位充满智慧的创始人，说道："我可不觉得上校会同意我们参与这笔交易。"

在奥本海默这个战舰之上，最有金融头脑的也许还是丹尼尔·伯恩斯坦(Daniel J. Bernstein)。他是我们公司的一位客户而非雇员，但他在我们这里也的确保有一间办公室。他送给公司的礼物就是他讨论自己的思想的意愿。他每天都在向我们展示优秀分析师的思维模式，让我们得以洞察投资大师的心理。当时，我的哥哥杰伊（在那时他就已经开始潜心研究由父亲首先提出的经济学工具，这种工具可以用来预测经济的发展过程）每周都要和我、伯恩斯坦、尤金·芬顿、弗雷德·施泰因，以及其他的一些人一起吃午餐。杰伊说，如果他能够在某项议题上充分回答伯恩斯坦和芬顿的质疑，那么他就能够在任何人面前捍卫自己的立场。

我是通过老朔伊尔的儿子沃利·朔伊尔认识丹尼尔·伯恩斯坦的。大萧条时期，作为洛斯公司(Loews)的高管，丹尼尔的父亲每年都能够收入数十万美元。沃利·朔伊尔回忆说，当时有很多人都失业了，而老伯恩斯坦却不接受将自己的年薪下调至 25 万美元。当有人问他其中的原因时，老伯恩斯坦回答说："因为那样一来我就会被当作只值 25 万美元的人。"

丹尼尔把他的时间都花费在了投资他所继承的遗产上，并且，他还将他得到的很大一部分利润捐赠给了各种各样的左翼运动。尽管丹尼尔对各种反抗运动很是慷慨，但他平时却是一个极其吝啬的人。他曾经让服务员拿来一包香烟，但却只买了其中的一支，这一劣迹让他在朋友中间声名狼藉。根据沃利·朔伊尔的回忆，在他连续请了丹尼尔 20 顿午餐后，丹尼尔说道："每次吃午餐都是你买单，这次我们各付一半吧。"

就是在这样的一次午餐后，丹尼尔将他的吝啬品格发挥到了极致。餐后，他和沃利计划一起开车去纽约州的斯卡斯代尔 (Scarsdale)。在此之前，丹尼尔把车停到了街边以节省停车费用，但是当他在车窗上看到违规停车罚单时，他就变得愤愤不平起来。而这只是故事的开始。他们一上路，沃利就瞥到了车上的汽油表，并提醒丹尼尔汽油表显示就快没油了。然而丹尼尔却拒绝停车，因为在城区加油要支付额外的汽油税。果然，车子在爆裂声中停在了罗斯福路 (FDR Drive) 上。沃利控制着方向盘，并最终设法把车子开到了一家加油站。那里的油价令丹尼尔非常吃惊，他只购买了一点点的汽油，仅足够让他们把车开到韦斯切斯特 (Westchester) 的加油站，不用说，那家汽油站才是丹尼尔的最爱。

然而，丹尼尔还是一个"眼中常满含泪水"的人，有时可能还会因此变得完全失去理性。曾经，他在斯卡斯代尔的草坪里滋生了大批的蝗虫，而他却陷入了道德困境。最终，丹尼尔并没有用农药杀死这些昆虫，而是让他的会计员用吸尘器把昆虫吸走，并最终将这些昆虫放生到了很远的地方。

丹尼尔很聪明，聪明到在牛市中做空股票都能够赚钱。他是我认识的第一个意识到在股票市场中某些特定的数字具有神奇魔力的分析师。他认为，一旦一只股票的价格超过了每股 10 美元，那么这只股票的价格继续上升的概率要比它在 10 美元以下时更高。这种现象当然是与数字无关的，但却与心理学有着千丝万缕的联系。10 美元以上的价格似乎是让投资者对于股价的稳定性和公司运营的稳健性产生了信心。许多机构都有禁止购买 10 美元以下股票的规定，其依据就是 10 美元以下的股票带有高度的投机性。如今我们知道，股票的价格与它的基本业务以及风险无关，但是在投资者的主观臆想中，10 美元代表了股价的稳定性。

丹尼尔·伯恩斯坦对美国汽车公司 (American Motors Company) 的投资非常成功。有鉴于大众汽车 (Volkswagen) 在 20 世纪 50 年代的成功，丹尼尔相信美国小型汽车有着广阔的市场。凭借其特有的勤奋，丹尼尔开始分析这家公司的现状，并查看了该公司 10 天的销售报告。这家公司的运营状况很好，丹尼尔也开始以 5 美元左右的价格不断买入这家公司的股票。他还寻求并且也得到了与乔治·罗姆尼 (George Romney) 见面的机会。罗姆尼当时是美国汽车公司的董事长，之后他还出任了密歇根州州长一职。罗姆尼对于丹尼尔所提出的深刻问题非常欣赏，但他可能觉得这位穿着廉价西装、破旧皮鞋的纽约人正急于寻找一份工作，于是建议丹尼尔去找他们公司的营销总监。而当丹尼尔不动声色地告诉罗姆尼，他在其经纪人名下的美国汽车公司股票份额比罗姆尼还要多时，这位董事长顿时变得目瞪口呆。

最终，美国汽车公司的股价达到了每股 100 美元（在丹尼尔看来，这是另外一个具有重要意义的数字）。尽管，股价的上升最终却成为了公司的祸源。在股价飙升过程中，公司高管们试图寻找各种节省开支和增加销售的方式来增加盈利，以维持高股价。此时，许多公司都会犯的一个致命错误就是去降低产品质量和服务。随着时间的推移，产品质量和服务的下降引起了人们对公司的广泛不满。而丹尼尔永远都在不知疲倦地关注着自己的投资，当他察觉到产品质量的下滑时，就抛售了美国汽车公司的股票。因为我对丹尼尔的分析信心十足，所以之前也购入了美国汽车公司的股票，并且还大赚了一笔。

1970 年，51 岁的丹尼尔·伯恩斯坦因白血病去世。他的一系列投资杰作，体现了他的勤奋和创造力。丹尼尔曾经遍访全国各地，他发现有很多为非裔美国人设立的奖学金都无人问津，其原因仅仅是学生们都不知道这些奖学金的存在。最终，他为黑人学生创办了国家奖学金基金与服务 (National Scholarship Fund and Service)，并且，他还争取到了大学校长们的支持。丹尼尔也曾直言不讳地批评越南战争，他出资在《纽约时报》上刊登了一系列广告，并且列出了要求美国退出越南战争的教授学者和其他美国名人的名字。

尽管丹尼尔是一位投资大师，但赚钱却并不是他的最终目的。我想许多在金融界取得了成功的人士都是如此。除了会愿意把钱捐出去以外，他们对于外部世界也有着浓厚的兴趣。乔治·索罗斯 (George Soros) 想要解救民间团体；天才交易家、前世界银行行长吉姆·沃尔芬森 (Jim Wolfensohn) 对于音乐充满了激情；乔恩·科尔辛 (Jon Corzine) 可以在高盛公司高管和追求自由议程的美国参议院议员身份之间无缝转换。

人们很容易将富人对于外部世界的热心贬低为他们能够负担得起的业余爱好，但我认为这是不得要领的。这些外部兴趣往往会为他们提供一个精神支柱或者更为广阔的眼界，这对于他们在金融界的成功是至关重要的。在金融金字塔的顶层，有着数量众多的反向操作者（这完全是有道理的，因为太固守传统智慧的投资者，其在金融市场上的表现只会与大多数民众无异）。这些成功的逆向操作者往往都有着一个完整的世界观，金融和市场只在其中占了很少的一部分。

尽管我和这些参与者一样，很喜欢投资游戏，但是我同时还有许多其他的外部兴趣。这些外部兴趣不仅使我能够更恰当地参与游戏，而且还让我在一般和特定领域成为了更好的投资者。我之所以创建巴德大学利维经济研究所，其目的就是探究经济政策对于社会的影响。而我自己也从此学术研究成果中受益匪浅。甚至我对古代艺术的兴趣也为我提供了做历史类比的材料，让我得以更明智地看待当下发生的事件。

然而，人们很容易就会在金融市场中沉迷，而当我沉迷时，慈善事业就会提醒我注意市场之外的生活。从这个意义上来说，慈善事业始终都是我的职业生涯中的一大重要主题，而非我在赚钱之后才想要从事的事情。

THE MIND
OF
WALL STREET

———————

第 5 章

机构凭什么崛起，为什么衰落

当以不合常规的方式参与投资时，大多数人都会感受到极度的不适感。尽管众多的经济学家建立了投资者的理想化模型——他们作为理性人冷静评估各种投资机会，但是我所见到的典型的投资者都有着独特的癖好和迷信，以及最重要的对未知的恐惧。简而言之，他们喜欢扎堆。但是投资领域，你只有打破常规才能创造机会，投资行为也许并不适合拿来作为团队运动。

奥本海默成立初期，当我决定涉足共同基金业务时，我戏剧性地遭遇了这样的现象。尽管，当时的共同基金远无法与如今数万亿美元的市场巨兽相比，但是在 20 世纪 50 年代末期，这种类型的投资托管已经被视为一种相当成熟的业务。它是一个非常保守的领域，主要由波士顿的公司在运营，如富达 (Fidelity)、百能投资公司 (Putnam)、道富银行 (State Street) 和万通集团 (Mass Mutual)。交易员和投资银行家都很轻视共同基金，但是我却认为共同基金对于奥本海默来说是一次绝佳的机会。一般而言，经纪人赚取佣金和保护客户金融资产安全的职责之间存在着固有的利益冲突，但在共同基金中，两者之间的利益冲突大部分都消失了。因为基金经理的薪酬取决于绩效，这一安排消除了他们与客户之间的主要冲突。此外，当一位股票经纪离职进入另外一家公司时，他通常也会把自己的客户带过去，但如果客户投资的是共同基金，管理公司就不太容易受到这种背叛的伤害。

基金管理公司随着资金的涌入而成长，但它也会从资产中收取一定比例的费用作为酬金。因此，共同基金的发展与市场的步调相一致。只要我们的业绩表现能够吸引到客户，无论我们是在睡觉还是在度假，公司都会成长。

作为在大萧条时期成长起来的孩子，我很清楚市场可能会走向衰退。即使是在 20 世纪 50 年代末，我仍旧在担心经济可能会倒退回大萧条时期的水平。尽管我喜欢雇佣那些没有大萧条记忆的年轻分析师，但是我自己对于那次经济危机却有着太多的记忆。

当我们准备进军共同基金业务时，我特别强调了一些准则，从这些准则中你可以看出我不断回头审视的倾向。如果想要在市场衰落时保护基金，我们就必须能够卖空股票，因为我很清楚股票的价格不仅可能被低估，也有可能被高估。华尔街上的人也都知道这一点，但是据我所知，还从来没有出售给公众的基金寻求过卖空权。对于那些股价低于其对应业务的估值的公司，基金公司同样需要掌控足够多的股份才能获得控股权。某种程度而言，这一方法源自我对特殊情况的偏好，以及我对朔伊尔和其他积极投资者所收获的成功的赞赏。

大部分华尔街公司都是根据业绩记录来评估基金，这种视角并非基于某种传统习惯，而是基于一家共同基金如何能够在市场进攻和防守中生存下来的现实。所有关于共同基金的创新必然都只会是谨慎且保守的，因为它们都是为保

第 5 章
机构凭什么崛起，为什么衰落

护资本而量身定制的。因此，奥本海默基金 (Oppenheimer Fund) 刚刚成立，便被媒体批评为投机之举时，我感到十分震惊。如今回想起来，我们并不应该感到惊讶。我们在成立奥本海默基金时所犯下的错误在于，没能充分认识到人们对于这一不熟悉之物的猜疑，完全能够掩盖住即便是最佳创意的光芒。

对于熟悉之物，我会尝试用不同的视角来解读它，并假定其他人能够以与我相似的方式看待这个世界。在我看到共同基金的结构优点时，我会想如果把共同基金看作是成功的投资者来运营，而不去苛守共同基金的传统观念，来限定它的可能性和不可能性，岂不是要好得多？我的所有创新对于金融家来说都不陌生，但是之前却没有一个人把它们用到共同基金上。

奥本海默基金的创建始于一次偶然的会面，而如今它大概已经有了 1200 亿美元的规模。1957 年，奥本海默财务部门的员工埃德加·约翰·戴维斯 (Edgar John Davies) 在他位于纽约第五大道的公寓中，举办了一次鸡尾酒会。当时有很多奥本海默的员工参加了这次酒会，其中就包括我的秘书玛尼·科恩。玛尼知道我一直都有建立共同基金的想法。在共同基金业务中，管理佣金取决于业绩表现，而非基金的资本量。这样的佣金安排似乎更加合理，因为基金经理的报酬取决于基金为投资者所带来的回报（当你搭乘飞机时，你就会需要有一个飞行员在飞机上）。在酒会上，玛尼指着一个年轻人对我说："看到那边的那个男人了吗？"她说这话时很是得意，因为她知道我会对她所谈之事非常感兴趣，"他刚刚创立了一项基金，并且管理佣金由绩效决定。"

于是，我立即要求和他见面，就这样，玛尼为我引介了艾德蒙·德兰尼 (Edmund Delaney)。德兰尼当时是律师事务所"帕默、塞雷斯、德兰尼、肖和波默罗伊"(Palmer, Serles, Delaney, Shaw & Pomeroy) 的冠名合伙人。他是一个很有涵养的人。作为一位毫不妥协而又循循善诱的辩手，他的优雅举止使得他看起来并没有那么咄咄逼人。他很快就让我觉得很窝心。他告诉我，他确实创建了一个基金项目，并且基金经理的薪酬与基金的业绩表现挂钩。"你不可能做到这些"，我有些不服气。他反驳道："我们就是做成了。"那便是里昂·艾伦基金 (Leon B. Allen)。

德兰尼在法律工作的日常事务之外，有着很丰富的业余生活。他是一位业余历史学家，并且已经出版了好几本书，涉及的内容包括海龟湾 (Turtle Bay)、格林威治村 (Greenwich Village) 和康涅狄格河 (Connecticut River)。我们同意一起去吃个午餐，我还提出了一些其他的创新，并表示希望能够将这些创新运用到奥本海默新的共同基金业务上。最后，我、德兰尼还有其他一些合作伙伴花费了两年的时间，才终于说服证券交易委员会允许我们卖空股票。

当时我们抵达了华盛顿，开始对证券交易委员会的尤金·罗特伯格 (Eugene Rotberg) 以及委员会主席伊曼纽尔·科恩 (Emanuel Cohen) 进行游说。在说服科恩同意我们对基金业务收取适当的绩效佣金后，我建议双方发表一项联合声明。科恩倒在他办公室的沙发上，假装愤怒地说道："里昂，你的意思是想要委员会为奥本海默基金打广告。"1959 年，我们成立了奥本海默基金。尽管当时我们没有将其称为对冲式共同基金，但它其实就是第一家经证券交易委员会同意的、对小投资者开放的对冲基金。

但这种对自身成就的满足感，很快就因为种种阻碍而烟消云散了。就在基金业务推出后不久，《财富》杂志刊文批评这是一次投机活动，其原因恰恰就在于奥本海默基金的卖空机制。我眼中的谨慎之举，在既成体制看来却是极端冒进的。我们意识到，我们无法再以基金的保守性作为卖点。更为甚者，卖空

第 5 章

机构凭什么崛起，为什么衰落

机制的污名，使得我们想要在其他州注册这一基金业务时，遭遇了巨大的麻烦，因为每个州都有自己的法规。

我本应该意识到，尽管大萧条的记忆清楚地指引我将卖空机制作为对冲风险的手段，但在其他人心中，卖空恰恰是大萧条最痛苦的记忆。我们做了大量的工作，就是为了获得卖空的许可（这还为我们带来了许多的公关问题），我们本可以避开这些麻烦的，因为直到最后，我们的基金都没有进行过几次卖空行为。

然而，我们也确实积极地实现了我的一些其他创新。尽管，有一次我们表面上的确出现了问题。在这次事件中，问题是出自公司内部，而非市场。

这次出现争议的商业冒险便是铀矿投资。对于我而言，这是一次低风险赚取高利润的绝佳机会；但对于麦克斯而言，这是一次不光彩且唯利是图的投机行为，会玷污奥本海默基金的名誉。在 20 世纪 50 年代后期，许多的投资者都处于创痛之中，他们因为早前的铀原料投机热潮的崩溃而蒙受了巨额损失。大部分铀矿的投资活动，都是以低价股的形式在盐湖城 (Salt Lake City) 交易所进行。当时，我想要以 85 美分的价格购入异彩矿藏 (Hidden Splendor Mines) 的优先股，麦克斯却极力反对，他质问我新成立的奥本海默基金怎么可以持有股价低于一美元的股票（数字具有神奇魔力的又一例证）。我回答说，如果它能够让奥本海默基金在接下来的五年中保持业绩领先，没有人会在意它最初的股价是多少。我对异彩矿藏的重视并不是我想要进行一次投机冒险，相反，我的态度是非常谨慎且保守的。

铀原料泡沫的出现提醒我们，对于新技术的过度迷恋会令最清醒的投资者丧失推理能力。这次泡沫的破灭与互联网泡沫的超新星爆炸比较起来，要渺小得多，它起源于美国人与核时代的短命恋情。在 1953 到 1954 年间，人们预言铀原料将会成为需求量巨大的资源，它会为我们带来电能、大功率电机，会将我们所有人送入繁华盛世。一些美国人甚至不惜抛下已有的事业，变身为地质勘探员。还有一些人则在盐湖城股市交易股票，这次铀投机是如此的狂热，一些股票的价格甚至在一天之内便暴涨了五倍。和历史上的其他泡沫一样，当投资者开始对不断被夸大的虚假利润感到厌倦时，泡沫也就破灭了。但也正如经常所发生的那样，投资者在匆忙退市之后，同时也忘记了让铀原料成为最具吸引力的投资项目的独特环境。

这当中的一个因素是，美国国防部矿产勘探管理局 (U.S. Defense Mineral Exploration Administration) 将铀视为一种重要的战略资源，并保证会为纯黄饼（黄饼是核反应燃料重铀酸铵或重铀酸钠的俗称——译者注）支付每磅 8 美元的价格。正因此，铀矿的老板们根本不需要担忧铀的过量供给会导致其价格下降，这就暂时性地消除了一个关键的风险因素。此外，政府将通过该计划向铀矿勘探者贷款勘探费用的 75%，而如果没有发现铀矿，国防部矿产勘探管理局将会免除勘探者的贷款债务，此举又消除了一项风险。最后，我自己还消除了一个风险因素——徘徊在铀市场中的骗子和牛皮匠。我找到了一位在整个铀原料行业中都颇受敬重的经纪人，他就是佩恩·基布 (Payne Kibbe)，盐湖城的铀矿专家。我是在投资里斯本铀矿公司 (Lisbon Uranium) 的股票时和他结识。佩恩当时是这家公司的股票经纪人，负责该公司股票的买卖。

奥本海默公司组建了一家名为希拉里矿物 (Hilary Minerals) 的私人铀矿公司。铀矿公司以我们的合伙人乔·坎特 (Joe Kanter) 的大女儿的名字命名。我们开始为收购做广告，并四处寻觅投资现有矿产公司上市股票的机会。在这过程中，我们尤其注意到了异彩矿藏——一只我们为奥本海默基金买入的公开上市交易股票。

最终，这家矿产公司被阿特拉斯公司 (Atlas Corporation) 控制。阿特拉斯公司同样是一家投资公司，由铀矿大亨弗洛伊德·欧德伦 (Floyd Odlum) 掌控。欧德伦是一个作风大胆的家伙，他娶了女飞行员杰奎琳·科克伦 (Jacqueline Cochran) 做妻子，并且已经进行了好几笔成功的投资。大萧条时期，他低价收购了几家投资信托公司，并且出售了其附属公司。一旦欧德伦认定核能源是未来的能源支柱，他就会大举收购矿产公司和矿山，让他的阿特拉斯公司成为全国最大的铀矿业集团公司。

异彩矿藏公司的股本正在不断减少，并且因为政府购买铀原料的计划，这家公司几乎就是稳赚不赔的。异彩矿藏公司的优先股正借由 20% 的年度偿债基金不断退出市场。五年之后，该公司的优先股就会完全消失。并且，为了买断我们的优先股股份，异彩矿藏公司付出了比我们买进时更高的价格。奥本海默基金以及我自己的投资都获得了回报，但整体而言，铀市场的发展是令人失望的。

我喜欢和硬岩地质学家跋涉在西部地区。对于一个三年时间就像永恒一样漫长的人来说，和这些能够想象和重建亿万年来历史演变的科学家发生眼界上的碰撞，真的是一件非常有趣的事情。佩恩·基布后来成为了里斯本铀矿的总裁，之后接替弗洛伊德·欧德伦成为阿特拉斯公司的董事长以及异彩矿藏的总裁。

奥本海默公司还在犹他州和内华达州交界处收购了一座银矿山。我参观了矿山隧道的密集区，还戴着矿工帽深入到隧道内里。矿山隧道就像是没有灯光的地下铁。在矿山采出了数量可观的矿石后，我们终于还是失去了矿脉的线索，并且再也没有找到。最终，我们不得不放弃这座矿山。

我们在石油上的运气要更好些，这主要归功于与理查德·罗伊 (Richard Lowe) 的合作。罗伊是一位精明的油井勘探者，他的杰作之一就是发现了一条从美国西部诸州直通加拿大的地理断层，那里的石油含量极为丰富。罗伊有一个猜想，他觉得只要他在某些特定位置的井中泵出足够多的水，他就能够找到石油。现实情况几乎是完全相反的，但是他又的的确确是正确的。罗伊和他的合伙人创建了美国类星体公司 (American Quasar)，这家公司实际上是石油投资共同基金。为了换取股份，我们把我们的石油公司卖给了类星体公司，我还在董事会获得了一个席位。很显然，我因为过问了公司太多的事情，终于还是被要求辞去职务。巧合的是，这对他们来说变成了慷慨之举，因为这允许我出售大量该公司被高估的股票。但是，理查德·罗伊自己却无法出售股票（因为他是公司内部人士），最终他不幸地破产了，尽管后来他又东山再起过。

奥本海默基金的初创岁月相当于一个速成班，让我很快认识到投资者和基金经理进入市场时全副武装的保守心态。对于未知的恐惧也使得人们对于机遇视而不见；过往市场上的不愉快记忆，使得本质保守的策略在公众眼中也变成了投机且极不光彩的行为。有一段时间，我们采用了在我们看来十分大胆的销售方针，承诺将会在任何拥有自由市场的地方进行投资，只要那里的机遇是大于风险的。但是我们最终却遗憾地发现，这样的承诺只是吓跑了我们的顾客，而非将他们吸引过来。

这样的经历让我们认识到了客户观念的重要性。我们开始研究潜在客户对于投资的态度。为了打开市场并出售基金，我们聘请了德瑞福斯基金 (Dreyfus Fund) 的唐纳德·斯皮罗 (Donald Spiro)，同时这也间接地向杰克·德瑞福斯 (Jack

Dreyfus) 表达了敬意。德瑞福斯比任何人都更加明白心理对于共同基金的销售的影响，并且，他还是这一领域最有远见的战略家。他是第一批在电视上做广告的人——事实上，德瑞福斯是最早的广告公司恒美广告 (Doyle Dane Bernbach) 的第二位客户。德瑞福斯公司的狮子从地铁中浮现的标识在公众中激起了广泛的共鸣。

德瑞福斯雇佣斯皮罗显然是因为他没有证券行业的工作经验。杰克·德瑞福斯的逻辑是，要销售共同基金，你就必须能够以局外人的角度来看待这些基金。这也是我在开办共同基金业务时的想法。这一定位并没有它听起来那么简单。仿效德瑞福斯的做法，我们雇佣了一家名为戈登和维斯 (Gordon and Weiss) 的小广告公司来为我们设计奥本海默基金的标识。广告公司最初为我们设计的是一位掷铁饼运动员的图像，这也是我最初向他们建议的。但这一标识遭到了我的合伙人的挖苦和攻击，并且市场调研的结果也极其糟糕（把某种物体抛向空中对于投资者来说可不是一个好征兆），最终我收回了自己的建议，并要求我们的广告公司再重新设计一次。

幸运的是，在奥本海默基金的董事会中还有一位名叫本杰明·利普斯坦 (Benjamin Lipstein) 的数学家，他是公众态度方面的市场调研专家。利普斯坦当时还是广告公司 SSC&B(Sullivan,Stauffer,Colwell & Bayles) 的市场调研部主管，他建议我们先明确客户投资共同基金的意图，然后再据此设计出公司标识；而不是先设计出标识，之后再调查公众对标识的态度。

受这一建议的启发，我们重新开始了调研。最终我们发现客户想要在我们身上看到的品质是实力雄厚、团结、组织强大、目的专一，以及亲和力。显然，在最后一点上我们做得蹩脚至极。带着这些新信息，戈登和维斯广告公司重新开始了他们的工作。几周之后，广告公司便邀请我们去评定他们已经设计出来的各个备选方案。

我们进入一间会议室，看到会议室的墙上贴了约 200 张不同的标识图片。我们按顺序查看了每一张图片，并且不断取下那些我们不喜欢的标识，最后我们留下了三张图片：钥匙、灯塔和四只相互握住手腕的手。最后一张图片吸引住了我们，因为它既展现了个人力量，又代表了相互合作，也许更为重要的还是那种安全感。在那个时代，甚至是小孩子都知道可以通过相互搭住手腕来组成一个手臂座椅，以抬出大火中的伤者。的确是如此，在我们调查这一标识是否已经依据版权法被其他组织所注册时，我们发现它最初被本杰明·富兰克林 (Benjamin Franklin) 使用过。人们在街边张贴这一标识，来提醒私人消防部门，这间房屋已经在富兰克林的公司投保。但是，该标识还从来没有被注册过，这意味着我们可以自由地使用它。

于是，我们开始根据奥本海默基金做出的承诺在市场上推销它——退休后的经济保障，孩子大学学费的支付——因为在那个时候，证券交易委员会并不允许我们公布自己的业绩记录。即便如此，业绩仍旧是我们推销自己的基金业务的一个关键因素，因为过往的业绩是有据可查之事。并且，在基金业务初创的几年间，我们的业绩表现极为优秀，这使得我们有信心向大众传递这一信息：我们会让你的资金持续增值。

尽管奥本海默基金在任何单个年份，其业绩表现都没能够排上第一位，但是根据《纽约时报》的调查，在奥本海默基金成立后的第一个 10 年里，它拥有全美国所有共同基金中最好的业绩记录。我们的成功吸引到了新的投资者，基金业务也在不断增长。为了向我们的客户推销一个漂亮的故事，我们需要告知他们公司 10 年间的业绩记录。然而，这也在某种程度上令我们陷入了两难之境，因为即使是我们自己也在再三告诫客户，不要注重某一年份的记录，而是去看我们长期以来的业绩表现；但是我们又在不断地向我们的基金经理们强调，10 年的业绩成长并不算什么，它只不过是一连串短期强劲表现的集合罢了。

在这段快速成长期中，我们并非就没有遭遇挫折。1962 年，当肯尼迪试图控制住钢材的价格时，股市开始迅速下跌。尽管，我们的基金经理们都意识到市场整体会有一次下跌，但是他们却又认为自己青睐的股票能够逆势而上。他们猜错了。1962 年 4 月，我们的基金总值从 1700 万美元缩水到了 1300 万美元。到了夏季，我们推断熊市已经接近尾声，在投资策略上也变得更加激进。市场的趋势逆转了，随着业绩表现的好转，我们的基金也开始比市场上的其他基金成长得更快。我们所持有的股票也许是震荡幅度最大的。

古巴导弹危机期间，我们同样在市场上遭遇了重挫。麦克斯对这次危机大为惊慌，他提议将公司的文件存放在阿迪朗达克山脉 (Adirondacks)，以便在战争时期更好地保护客户的账户资料。听了这种对核战争后果乐观到荒谬的看法后，我倒是觉得我们更应该把合伙人转移到安全的地方储存起来，而不是文件。麦克斯告诉我们，我们的投资策略要立足于战争状态。我们并没有撤离股市，并且努力保持冷静。

当麦克斯不再担心核战争的具体细节时，他会紧张兮兮地盯着基金的动态。有时他会走向唐纳德·斯皮罗，把一只手臂搭在斯皮罗的肩上（1.93 米的麦克斯比我们大多数人都要高），用他浓重的德国口音说道："你的报告很精彩，但是订单在哪里呢？"

除了业绩表现以外，我们的基金业务获得成功的另外一个关键因素是我们的销售队伍。心理学在其中也扮演了一个关键的角色。在 20 世纪 60 年代中期，我在《哈佛商业评论》(*Harvard Business Review*) 上看到了一篇关于普林斯顿大学心理学家赫伯特·格林伯格 (Herbert Greenberg) 的文章。格林伯格宣称他能够通过心理测验深入探究销售人员的人格特质，包括自我意识、同情心和亲和性，并借此预测他们的销售能力。我邀请他来到了我们的办公室（尽管我自认为是一个观察力极为敏锐的人，但我一直都没有注意到他是一位盲人，直到一位同事在他离开后告诉我此事）。所有的合伙人都使用假名参与了测试。我用的假名是"艺术阁楼"，测试结果显示，我有着极高的销售潜质，但是作为管理人员却有着诸多局限。测试报告中有些描述尤为尖锐："他是一个非常容易冲动的人，并且不太善于容忍细节。"

因为这次测试成功揭示了我们所有人的个性，我们就将其采用为预测未来新员工发展潜力的方法之一。奥本海默公司至今都在沿用这一测验，并且唐纳德·斯皮罗对于格林伯格博士的测验非常信服，认为正是这些测验帮助他建立了一支强大的营销团队。

随着奥本海默公司的不断发展，我的老东家赫希公司也迈入了另外一个发展方向。如果我们公司的早期问题之一就是在追求业绩过程中忽视了民众的想法，那么赫希的问题就是为追求表面的光彩而牺牲了绩效。并且，赫希沿着它的这种倾向踏出了毁灭性的最后一步。在 1970 年，赫希同意与经营稳健、结构合理的弗兰西斯·杜邦公司 (Francis I. Dupont & Co.) 合并。但是，赫希选择在那个时间将自己的命运交付给一家依靠固定佣金和私人关系网络来运营的企业真的是大错特错了。随着一家公司的成长，它所面临的竞争压力显然也会越来越大，大型机构都开始要求取消固定费率。这些现实条件最终催生了面向个人的低收费经纪人。

交易量的大幅飙升，加速了股票出售和出售者行为上的重大转变。WASP（盎格鲁 - 撒克逊裔白人新教徒）公司开始向天主教徒和犹太人敞开他们的大门，而犹太人公司也开始吸引白人新教徒。奥本海默公司原本是一家纯粹的犹太人公司，但是随着时代的变迁，我们也开始做出变化；毕竟，我们的全部目标仅仅是获取成功。到了 1970 年，公司有了一些非犹太人的合伙人。这些人有：我们的汽车行业分析师查尔斯·布鲁尼（Charles Brunie），父辈来自中国的吉米·金（Jimmy King），奥本海默基金的关键营销人唐纳德·斯皮罗，以及鲍威尔·卡波特（Powell Cabot）。鲍威尔的祖先的财富来自哈德逊湾公司（Hudson Bay Company）与远北印第安部落之间的海狸毛皮贸易。

有一次，我们在鲍威尔·卡波特位于伦敦的家中吃晚餐，有关他家族祖先的话题也被我们谈论起来——他的家中藏有一幅他的一位先人的画像，这个人是英国公司佳活宾信（Kleinwort Benson）的创始人之一。鲍威尔对于他家族的显赫声名总是感到十分羞赧，当有人问起他家族几百年前的历史时，他也只会抱以极其谦逊的态度作答。我知道西方人的历史是绝难望东方人之项背的，于是便转身向坐在我身旁的吉米·金问道："你能不能追溯一下你 2000 年前的祖先的历史？"吉米毫不迟疑地回答说："没有问题，不过头 200 年的历史可能是杜撰的。"他是在开玩笑，不过这玩笑之中也有确定不疑之处，因为大概在公元 300 年，一个中国王朝在南方势力的入侵中灭亡，很多富裕的中国人都忙着修改他们的族谱，以避免失宠于新政权。当然，利维家族的线索和其他家族一样，也在回溯中陷入历史的迷雾。我很喜欢吉尔伯特（Gilbert）和沙利文（Sullivan）合作的喜剧《日本天皇》中的一段抒情诗，在诗中普巴（Poobah）声称他能够将他的先辈追溯到最初的原子。

随着大宗交易的势力从股票交易者转向了能够承诺完成巨额交易的机构，并因此而在市场上四处搜寻最优价格，要求严格、死气沉沉的固定佣金制度也让位给了费用协商制。大宗交易很是诱人，因为它赋予了交易市场以公司力量，但它同时也是一把双刃剑，因为协商费用意味着更低的佣金。尽管如此，如果一家公司想要扩大它的机构业务，那么它就必须提供带有研究报告的大宗交易服务，因为机构现如今都想要更多的流动性。就在公司转型的这一关键时刻，是杰克·纳什带领公司获得了持续的成长。纳什还为公司引荐了他熟识且信任的好友威利·韦恩斯坦 (Willie Weinstein)，让他来管理大宗交易的运作。如果没有了大宗交易部门，奥本海默可能还只是一家精于市场研究的小型公司，其最终命运也会和许多同类型的小公司一样，被更大的公司所兼并。

随着交易规模的扩张，公司也会需要更多的资本，而这种对于大量新资金的需求激增，也令金融企业产生了深远的变革。在 1970 年，我和约翰·洛布 (John L. Loeb) 有过一次闲谈，所谈论的话题便是成长型公司面临的压力。洛布是华尔街的传奇人物，他用家族资金创建了洛布·罗兹合伙公司 (Loeb Rhoades)。当时我们是在信孚银行 (Bankers Trust) 一起吃的午餐，其间谈到了投资银行帝杰 (Donaldson, Lufkin, and Jenrette, DLJ) 的惊人之举——他们通过公开上市打破了旧传统，同时也是第一家这样做的华尔街公司。洛布对此感到很是不解，他并不认为一家公司应该寻求外部资本。我询问他在他的公司需要额外资金时，他是怎么做的。他回答说："这有什么，给我的一位姑妈打个电话就行了。"在那个时候，一家企业所能获得的后偿贷款只能是来自亲人。因为洛布和纽约最富有的几个银行家族都有着亲缘关系，所以这样的事情对于他来说真的是太容易了。

"如果你没有姑妈呢？"我接着问道，"你会怎么办？"他从来没有回答我的这个问题，因为他已经排除了最显而易见的那个答案：上市。

如果一家公司的唯一资产常常像搭升降机一样起伏不定（类似的批评也出现在了广告公司的身上，它们同样是在那个时期开始上市），那么人们就会质疑这家公司公开上市的正当性，但是华尔街的转变让金融家紧跟上了急速扩张的机构交易。如果当初没有引入竞争和新的资本来源，那么纽约能否在 20 世纪 70 年代初取代伦敦成为世界金融中心还是未知之数。

奥本海默并没有上市。我们仍然保持合伙人制度，因为我们有一个投资账户，这个账户在市场景气的时候带给了我们丰厚的回报，并且，相较于上市企业，合伙人制公司拥有税收上的优势。我们也更喜欢私人企业的灵活性。我们可以在任何需要的时候变革公司的结构，同时又不需要经历上市公司的种种繁文缛节。

我们更愿意对尽可能少的人做出回应，并且这少数的几个投资人最好也是老于世故且富有想象力的。然而，这种自由的代价就是周期性的流动性紧张。当我们需要资金的时候，我们并不会出售股票；相反，我们会邀请有限的几个合伙人参与投资，或者从私募股权信托机构获得后偿贷款。不幸的是，生活的真相就是当你不需要现金的时候，现金遍地都是，而当你需要它的时候又遍寻不见。杰克·纳什发现，在公司发展一帆风顺的时候，所有人都想要做合伙人，但是当公司发展受挫时，所有人都只想要做副总裁。

20 世纪 60 年代被证明是华尔街发生重大转变的关键 10 年，这段时期，投资银行和证券经纪公司适应了成长、竞争和其他变化所带来的巨大压力。通过专注于投资效益，奥本海默公司在华尔街的动荡变革中寻找到了自己的定位，并维持了较高的利润。而赫希却把所有的赌注都投在了那个旧世界的身上，最终和它的新合作方弗兰西斯·杜邦公司一道，消失在了人们的视野之外。

THE MIND
OF
WALL STREET

第 6 章

投资者的底线

2002 年的春夏两季，美国金融市场经历了属于自己的法国大革命，以及随之而来的恐怖统治 (Reign of Terror)。20 世纪 90 年代的市场贵族们被拖倒在地，而在此之前，权威部门就已经丢掉了自己的工作并遭到公众羞辱。公众要求他们血偿数万亿美元的损失，以及因经济衰退而消失的数十万个工作机会。会计丑闻、分析师的为虎作伥以及其他的金融犯罪在同一时间被曝光出来，为经济危机蒙上重重阴霾。这许许多多的"作恶者"(乔治·布什的用词)最初也都是依靠诚实经营起家，但是随着他们的公司的成长，市场对于他们的要求也越来越高，他们很快就发现一个基本的现实：要长时间地维持业绩增长是极为困难的。

　　企业高管们所面对的只有两个选择，要么让他们的股东失望，要么背弃自己的良知。许多人都做出了相同的选择：弄虚作假。在美国企业资产负债表和投资银行中所曝光出来的腐败规模固然令人触目惊心，但是那些做假账的弄巧成拙者才是最需要提防的。他们就像能够耐受严寒的多年生植物一样，在经济的漫长恢复期中，只要一有机会便会再度现身。弄巧成拙者是金融世界里的一道恒定景观，如夏天中的野草般繁茂。在我的职业生涯里，我遇到了太多这样自作聪明的人，应对他们的诀窍就是要同时看清他们的才华和性格上的致命缺陷。

对那些敢于冒高风险的人，市场也会以利润丰厚的机遇作为回报。你可能对回报率为 0.3% 的投资机会不屑一顾，但是如果你能够通过借贷的杠杆效应融得 100 倍的投资，那么你的资本回报率其实是达到了 30%。当然，如果你要采用这一方法，那么你最好是正确的。正因为如此，市场吸引到了偏好风险同时又具备高度竞争力的投资者。杠杆效应也许不会改变特定投资的回报率，但是如果这笔投资遭遇挫折，那么其后续影响将会更加令人沮丧，等待着你的将会是一堆的债务。

资本市场所吸引到的是一批更具侵略性的投资者，因此他们所置身的环境也常常是咄咄逼人的。这个造就了他们的成功的环境，有时也会将他们淘汰出局。市场一开始会奖励那些弄巧成拙者，但在此之后，等待他们的只会是惩罚。

我在奥本海默的同事尤金·芬顿就是这样的一个弄巧成拙者。尤金关于市场本质的创造性思考令我印象深刻，他是一位出色的投资者，拥有在市场中获取成功的全部品质——但是他的弱点却最终让他的许多优秀品质成为了无用之功。他是一个愤世嫉俗之人，为自己的野心所驱使，他的全部心思都放在了金钱和市场之上。尤金对于自己的贪婪心知肚明，这一点非常有趣。作为市场心理学的学生，他始终在关注着人性和市场之间的致命化学反应。

不幸的是，尤金却无法帮助自己。工作上，他是一个很难相处的人，他的

投资者的底线

秘书不断辞职或是被辞退，并且，要让他和别人合作也是非常的困难。他自己也越来越焦躁不安，在 20 世纪 60 年代初，他就开始计划自己的退休。他想搬到加利福尼亚去，并在那里开展存款放贷的业务（同时他也相信，加利福尼亚的生活方式更符合他的追求——夏季打高尔夫，冬季滑雪）。他准备借助存款放贷业务来获取财富，然后他会放弃他的美国国籍（尤金痛恨纳税），并搬往加勒比海地区。我告诉他，因为曾经遭受殖民统治的缘故，很多岛上的居民都不太喜欢白种人。但是他却回答说他心里很清楚这一点，并且他自己也不太喜欢白种人。

尤金的大部分行为都是如此，在他看似荒唐的计划中，总会包含着缜密的构思。当时很多激进的投资者都不喜欢存款放贷机构，因为它们的业务仅限于抵押贷款，并且，为了吸引储户，这些机构不得不支付高度变化的短期利率，这也使得存款放贷机构常常处于破产的边缘。如果短期利率突然上升，存款放贷机构的业务成本也会水涨船高，但是他们的收入却仍旧限于长期抵押贷款。有一句投资名言引用到这里是十分贴切的：**永远不要为偿还长期债务而背负起短期债务，并且要小心那些这样做了的公司的股票。**

1957 年，雷曼兄弟在其旗下的大西部金融公司 (Great Western Financial) 首次开展了公众存款放贷业务。这也让尤金看到了进入存款放贷行业获得利润的可能性。先前，存款放贷业务的利润都会作为应对不良贷款的储备金。存款放贷业务的盈利将会纳入一般储备基金，并且是不需要缴税的，当然也无法用于分红。但这也为将这些留存收益转化为可缴税、可分红的营业盈余创造了可能。此外，存款放贷机构就像是有着永动机的结构。通过支付更高的利率，一家存款放贷机构可以吸引到几乎是无限量的资金。

　　这一问题便是短期借款和长期贷款的经典结合。如果短期利率急速上升，银行很快就发现自己已经入不敷出。因为它们借款的成本会上升，而与此同时，它们长期贷款和抵押贷款的收入又只会保持固定不变。尤金对此找出了一个解决之法，并且极为精明。而这种方法的缺陷却也正是尤金的阿喀琉斯之踵——弄巧成拙。

　　尤金所想出的主意就是变动利率抵押贷款（如今普遍称之为浮动利率抵押贷款）。这是一种允许放贷人调整贷款利率的抵押贷款，其目的就是在短期利率发生波动时，保护存款放贷机构的利润空间。这是一个绝妙的想法，但是尤金只做对了一半：在尤金的创新之举中，浮动利率抵押贷款的利率只会上升。尽管如此，我很喜欢尤金对于存款放贷机构前景的构思，并且，当他邀请我作为一名潜在的投资者时，我同意了成为他的合作伙伴。我们觉得这样的投资对于奥本海默公司来说还是太冒险了，但是一些其他的合伙人也都以个人身份参与进来了。

　　20世纪60年代初，尤金以60万美元的价格收购了加利福尼亚州康科德市的康特拉科斯达存贷银行（Contra Costa Savings and Loan），我们也由此开始了业务经营。但我总是感到有些不安。一方面，尤金生硬粗暴又爱钱如命的性格肯定会给我们惹来麻烦。事实也的确如此。我至今仍清楚地记得，有一次我们开车去萨克拉门托处理一些问题。我们原本的计划是要会见加州存贷协会理事普雷斯顿·马丁（Preston Martin）。加州存贷协会的大部分官员们都是当地的地头蛇，但马丁却是一个精明能干的人。就在我们开车前往萨克拉门托的路上，我发现汽车快要没油了。但是尤金执意要到30英里之外的加油站加油，因为那里的油价可以打折——典型的芬顿风格。毫不意外地，我们途中就没油了。尤

第 6 章
投资者的底线

金宁愿冒着一大笔投资泡汤的风险，也不愿意多花上几美分的钱来加油。尤金很是吝啬，并且他的这种吝啬是一以贯之的。当他在加州结婚的时候，他询问售货员是否可以租用婚纱，因为他的未婚妻"一生只会穿这么一次婚纱"。

这一事件有力地提醒了我，我此次投资的合伙人的执拗与古怪。就在我们收购第一家存贷银行后不久，我和尤金开车前往马林郡 (Marin County)，路上尤金问起我在深夜都会担心些什么。我毫不犹豫地回答说，我的噩梦就是他会打电话告诉我说："普雷斯顿·马丁已经辞去存贷协会理事一职，我们的董事会也都想要退股，而新上任的存贷协会理事想要让我们关门大吉。"后来，所有的这些事情在不同程度上都变成了现实。

首先，存贷协会的委员们将我们视为作奸犯科者。作为存贷行业的后来者，我们支付了更高的利息以吸引存款，还发明了变动存款利率抵押贷款这一新工具，这些都引起了他们的疑心。我们还招致了联邦住房贷款银行委员会 (Federal Home Loan Bank Board) 的不满（他们有权力判定一家银行是否能够开设新的分行）。若非思想开明的普雷斯顿·马丁，我们在存贷行业的这次尝试将会成为彻头彻尾的灾难。这位加州理事后来成为了华盛顿住房贷款银行委员会的主管。

尽管马丁允许我们继续前行，但我们还是成为了尤金的判断盲区的受害者。令尤金感到意外的是，因为利率只涨不跌，人们并没有蜂拥而至来办理抵押贷款。最终，尤金并没能成功地将他的深刻洞察转化为在市场上充满魅力的创意方案。如果他当时勇于承担风险，并允许贷款利率在合适的时候下降，那么他现在也许已经成为全美国最富裕的几个人之一了。

尤金的视野所不及之处，却被其他人把握住了。奥本海默公司的另外一位职员（由尤金招募进来），玛里恩·桑德勒 (Marion Sandler) 吸取了尤金身上的经验教训，并意识到变动存款利率抵押贷款在市场中有着巨大的潜力，但前提是利率必须能够上下浮动。与传统的固定利率抵押贷款相比，存贷银行也许能够借此提供更低的月付款数。玛里恩离开了奥本海默，并和他的丈夫赫布（恰巧也是我的律师）接管了一家存贷银行，这家银行后来被命名为金色西部金融公司 (Golden West Financial)。金色西部金融公司依靠浮动利率抵押贷款来吸引客户，并最终成为了美国最大的存贷机构，玛里恩·桑德勒也成为了美国最成功的几位女性之一。

尤金从来没有实现他放弃美国公民身份，并借此逃税的可疑梦想。数年之后，他突然患上了一种致命的癌症，并在 1976 年死亡。然而，在尤金死后的十多年里，大部分存贷机构也都感染了尤金的致命缺陷——贪婪和弄巧成拙。里根政府执政时期，存贷机构说客和国会官员的相互勾结，促成了整个存贷行业病态的管制放松，而随之而来的便是自利交易、巧取豪夺和可疑贷款的恣意狂欢。国会后来为掩饰其犯下的错误，批准通过了一项救市计划。这项救市计划最终花费了美国纳税人 5000 亿美元的资金。金色西部金融公司便是当时少数几家保持健康运营的存贷机构之一。这次的救市金额与 90 年代后股市崩溃所损失的数万亿美元的资金比较起来不过是九牛一毛，但也仍旧是一笔巨款。存贷银行救市计划并没有像现时的危机一样激起公愤，这也许是因为大多数纳税人都没有意识到他们正在为他人的贪婪和腐败买单。

尽管尤金·芬顿很是贪婪，但他始终守住了法律的底线。而我碰上的其他人却并不都是如此。事实上，有许多靠守法经营起家的人却在之后急剧堕落为明目张胆的诈骗犯。这些人的存在为资本市场长时期的相对有效提供了另外一种间接的恭维。伯尼·科恩费尔德 (Bernie Cornfeld) 就是突破了法律底线的那个人。科恩费尔德在国外生活了很长一段时间。他出生在伊斯坦布尔，原名叫作班诺·科恩费尔德，并在布鲁克林长大。科恩费尔德身材矮小，但是极为聪慧；虽然有些口吃，但他却能够说五种语言。他在 1956 年创建了投资者海外服务公司 (Investors Overseas Services)，这是一家离岸共同基金销售公司，其主要客户是驻扎在欧洲的美国士兵。在 1962 年，他创建了组合基金公司 (The Fund of Funds)，这是另外一家离岸共同基金公司，其主要业务是投资美国业绩最好的共同基金。组合基金公司是一个很好的创意，但是科恩费尔德却走得太远了。

在 20 世纪 60 年代中期，科恩费尔德的组合基金公司购买了奥本海默基金价值 2000 万美元的股份，这也让他成为了我们基金公司最大的股东。我们都很警惕科恩费尔德的收购行动，并且采取了预防措施。我们让他签署了一项协议，确保他不会干预公司对于股票的购买选择。科恩费尔德并没有就此罢手，几年之后他还是那样做了。科恩费尔德委派他的得力助手亨利·比尔 (Henry Buehle) 来告诉我们，他想要奥本海默基金购买一家鞋业公司的股票。我意识到科恩费尔德不过是想要利用我们来维持住这家公司的股价。而我也早就预料到这一刻最终会来临，于是便拿出了当年的那项协议给比尔看。我们并没有购买那家鞋业公司的股票，科恩费尔德不久之后也卖光了他持有的奥本海默基金的股票。

此后，我们就看到科恩费尔德驶入了单向的快车道。他的所作所为与数年之后迈克尔·米尔肯 (Michael Milken) 在德崇证券的做法如出一辙：引诱他投资的公司 (在迈克尔那里是抬高垃圾融资) 参与他的其他投资。科恩费尔德还向他的销售人员赠送投资者海外服务公司的股票，以此作为绩效奖金，这种稀释每股收益的策略最终带来的必然只会是崩盘。科恩费尔德玩弄的就是所谓的庞氏骗局。更具讽刺意味的是，在 1971 年，正处于崩溃之中的投资者海外服务公司被罗伯特·维斯科 (Robert Vesco) 收购，这个人比科恩费尔德还要变本加厉。维斯科重蹈了科恩费尔德的基金诈骗之路，在逃亡古巴并转向毒品走私生意之前，他完成了那个时代最大的一起金融诈骗案。

就在投资者海外服务公司破产之前，我遇到了另外一位与科恩费尔德相干的弄巧成拙者。这个人就是约翰·金 (John King)，当时他还是一位具有传奇色彩的亿万富翁。他依靠出售石油勘探活动中的有限合伙权获得了巨额财富。在阿瑟·里普 (Arthur Lipper) 的催促之下，我决定和这位石油大亨见上一面。

里普是一位躁动不安而又有创新智慧的人，他创立了共同基金的业绩考核制度（这一事业后来被他的弟弟迈克尔所继承），并借此成名。里普不喜欢重复他人做过的事情。他总是在思考新的金融举措——其中就包括标准普尔 500 指数的证券化，这一创意后来被其他人所发展。他的商业冒险活动遍及全球，其中就包括在新加坡（位于赤道）开办的一家室内溜冰场，在澳大利亚经营的葡萄园，以及一家位于阿拉伯半岛向海湾国家提供服务的广播电台（里普告诉我们，电台最受欢迎的节目就是宣读 1967 年中东战争中以色列人士的伤亡名单）。里普告诉我约翰·金正在筹措资金，他希望我能够去拜访一下这位丹佛的石油大亨。

我来到金的住址，并被带到了他豪华的办公室中。办公室的墙上挂着一头正在冲锋的大象的画像，这位威风凛凛的大亨就坐在画像之下——和我们在电影中看到的亿万富翁的形象分毫不差。金提出了他的建议。他的金北极投资公司 (King Arctic Investments) 握有 2000 万英亩的北极油田，而他想要出售给我其中的 2 万英亩。但反过来,这 2000 万英亩的油田在很大程度上也是由科恩费尔德的组合基金公司控制的。此外,金告诉我如果我同意以每英亩 8 美元的价格收购,那么八年之内我将不需要提供任何资金。为什么会有人想要出售资产,却又不收钱?

来这里之前我就已经有了答案。就在来丹佛不久前,我偶然遇到了路易斯·维克斯 (Louis Weeks)。维克斯曾是标准石油公司的首席地质学家,当时已经退休。这个世界上有优秀的地质学家,也有伟大的地质学家,维克斯显然就是后者。他将科学的严谨性和想象力充分结合。多年以来,维克斯都在欧洲军方电台主持一个颇受欢迎的节目,在这个节目中他向人们解释说,现代地质学的研究证实了《创世纪》这本书中所描述的事件的发生顺序。光明照入黑暗,水流滋润陆地——这正是在地球上所发生的一连串事件。

凭借其专业背景,维克斯对于油田性质有着超乎寻常的直觉。而当我问及关于金的北极油田的价值时,在经过一番思考后,他给出了答案:每英亩大约 50 美分。

从这一信息中我意识到,金和他的好友伯尼·科恩费尔德正在导演他们的最后一幕金融闹剧。如果我购买了这块油田,金就可以利用这一交易来标高他所有剩余油田的价格,科恩费尔德也就可以维持住北极油田价值每英亩 8 美元的虚高假象。因为这一价格正是科恩费尔德为这些油田所支付的,如此一来,他就可以误导公众对于组合基金公司的估值。当我打电话给金,并对这次投资提出异议时,我随口问道他是否担心证券交易委员会来找麻烦。金以一种释人疑虑的坦率口气回答说:“不担心,我和理查德·尼克松是好朋友,他曾经把委员会候选主席的名单交给我,并询问我的意见。”

回到纽约后，我发现自己仍旧在思考着偶然卷入的投资者海外服务公司和约翰·金的解套阴谋。那天晚上我和《哈泼斯》杂志的编辑威利·莫里斯 (Willie Morris) 一起吃晚餐，我问他是否愿意让我写一篇 10 年来最轰动的金融故事。对此他并不感兴趣。即便如此，金最后还是未能免于牢狱之灾。科恩费尔德也在瑞士监狱待了 11 个月，直至他的欺诈指控被撤销。最终他死于破产。

金融市场自然会吸引到相当一部分诈骗犯，但是一些弄巧成拙者更多的是栽在了他们的理念而非贪婪上。这些人通常都是精力充沛又颇有识见之人，因此他们也比那些单纯只是贪婪的人更为有趣。威廉·杰肯多夫 (William Zeckendorf) 显然非常契合这一形象。杰肯多夫在他的身后留下了一连串的破产企业和一堆愤怒的投资者，但是他也有着联合国大厦这样的不朽功业。

杰肯多夫大腹便便、面色红润，这让他看起来就像是在一个大西瓜上面放了一个熟透了的西红柿。他在麦迪逊大道有一个拱形圆顶的办公室，而在他的隔壁就是建筑大师贝聿铭的办公室。杰肯多夫和贝聿铭是通过纽约州州长纳尔逊·洛克菲勒 (Nelson Rockefeller) 相互认识的。尽管开发商和建筑师之间的这种地理上的亲近对于公众来说也许是一件好事，但是倘若两人之间保持一点点的距离——也许就是一层楼——可能会更好一些。杰肯多夫是这里的国王，他被各种电话机所包围。他就像是一位导演，而他的各式建筑就是他的明星们。他的墙壁上悬挂着这个世界上最伟大的各类建筑，其中就包括帕特农神殿。

杰肯多夫有两个弱点：他想要建造美丽的建筑物；他沉迷于交易。他对于财务状况的管理远远比不上他对于真实建筑的掌控。由于建筑项目的风险问题和他之前不稳定的事业记录，他不得不支付高于市场利率的借贷利率，而一个人要在不断支付超高利息的情况下保持盈利是非常困难的。

第6章

投资者的底线

我第一次了解到杰肯多夫这个人是在 1957 年，当时我听说他正要把他手下的全资子公司齐氏威奈公司 (Webb and Knapp) 和美国强力 (American Superpower) 合并。美国强力是 20 世纪 20 年代的一家公司，杰肯多夫是这家公司的大股东。我觉得这可能是一次投资的机会，所以就去华盛顿参加了证券交易委员会针对此次合并计划举办的听证会。

这次听证会唯一的另外一个旁听者就是奥托·赫希曼 (Otto Hirshman)。赫希曼也是一个十分有趣的人，当时他还是德雷福斯公司的一位合伙人。他从荷兰流亡到美国，有着很好的投资嗅觉，并且自称为"股市密探"。也正是赫希曼在之后提醒了我投资铀矿开采业的可能性。在一次谈话中，赫希曼提到了罗斯福机场 (Roosevelt Field)，这是相当巨大的一笔财产（奥本海默也持有其一部分股份），而与它毗邻的则是位于长岛的一家旧机场，这家旧机场由杰肯多夫的齐氏威奈公司控股。当时，罗斯福机场刚刚从齐氏威奈公司手中收购了麦克里里 (MCCreary) 百货公司，而这家百货公司的主建筑就在曼哈顿第 33 街 (33rd Street)。奥托说："里昂，你必须查清楚杰肯多夫为什么要将麦克里里百货公司出售给罗斯福机场。他是为了建造购物中心，还是仅仅是将一笔不挣钱的资产甩手给罗斯福机场的股东？"

这是一个好问题。我们委派弗朗西斯·海特前去参加罗斯福机场公司的年会，并且还进行了一些额外的调查。整个事件开始变得清晰起来，原来杰肯多夫是希望罗斯福机场公司的流通股股东一起来承担原本只应该由他自己来负责的损失。我相信杰肯多夫这么做并不是因为他道德败坏或是本性贪婪，这只不过是他为了挽救齐氏威奈公司而做出的绝望尝试。尽管如此，这对于罗斯福机场公司无辜的股东来说确实是极不公平的，因此我们对齐氏威奈公司提起了诉讼。

我们聘请了弥尔顿·波拉克(Milton Pollack)来打这场官司，他是一位非常优秀的律师，后来还成为了一位杰出的联邦法官。案子的进展极为缓慢，我也开始逐渐习惯了每月都和波拉克吃一次晚餐。晚餐期间他会告诉我案情的新进展以及他的处理方法。那时他还有一个正在上小学的女儿；他告诉我，他在问证人任何问题前，都会先在他女儿的身上尝试一下。

正是通过这些讨巧又看似简单的问题，波拉克让那些证人慢慢地落入了他的圈套，并最终巧妙地套出了真相。轮到杰肯多夫出庭作证时，这一策略尤其奏效。一开始时，杰肯多夫泰然自若地应对着各个问题，但是当波拉克开始步步紧逼，杰肯多夫忽然发觉自己已经毫无退路，并惊慌失措起来。仅仅是在一小时后，波拉克就让杰肯多夫承认，他出售麦克里里百货公司的真实动机不过是减轻齐氏威奈公司的债务，并将其转嫁给罗斯福机场公司的股东。此后没多久，杰肯多夫就主动和我们和解了。

尽管我们之间曾经立场相左，但是我非常钦佩杰肯多夫专心致志打造美丽建筑的激情。多年以后，他在金融上的失败会被人们所遗忘，到那时，他会被视作一位有灵魂的开发商而为人们所铭记。他的付出为纽约、多伦多、丹佛以及所有他触碰过的城市增添了亮丽风景。他的贪婪之中自有着非同寻常的庄严宏伟。

遗憾的是，出众的才干和良好的品格并不总是同时出现。在股市崩溃的今时今日，不管我们变得多么钟情于道德说教，出台什么样的监管新规，弄巧成拙者仍旧会在金融市场中占据着一席之位。他们野心勃勃，并且有勇气去探索新事物。

THE MIND
OF
WALL STREET

第 7 章

绝佳的投资机会

作为投资者，我们会采用各种各样的方式来自我催眠，这种催眠可大可小。我们会把纯粹由于运气获得的成功归因为敏锐的洞察，而又会将由愚蠢和疏忽造成的投资失败归因为运气不佳。我们想当然地认为股市会记住或在意我们为一只股票支付的价格，又或是我们持有的股票会在股市的一片跌势中持续走高，但在股市中更常见的事情是，我们会爱上一只根本不值得我们关注的股票。

我曾不止一次被一家公司摆上祭坛。而如果一个人被一家公司的魅力或是它的管理方式所蒙蔽，这样的金融罗曼史的代价将会是极其高昂的。思维缜密的投资者必须能够看到一家公司的潜在价值；同样地，他也必须能够看透一些公司的虚假荣光，直抵其败絮内里。在20世纪60年代的一次投资中，我曾经在此事上行差踏错。但在10年后我纠正了我的错误，尽管当时的股市正处于后大萧条时代里历时最长的衰退期中，我所获得的盈利也远超出了之前的损失。

一些管理不善的公司可能蕴含了绝佳的投资机会，原因就在于只要这些公司在管理上有所改善，公司的境遇可能就会获得大幅度的提高。不管一家公司有多糟糕，它总是会存在一个可被接受的交易价格。这就是奥本海默公司入股安德伍德 (Underwood) 的潜在逻辑。安德伍德是一家在管理上堪称灾难的打字机制造商，在电动打字机市场，它在与 IBM 的竞争中一败涂地。意大利好利获得公司 (Olivetti) 收购了安德伍德大部分的股权。我很欣赏意大利人做事时的张扬风格，因此我也相信新的意大利老板会让安德伍德公司彻底脱胎换骨。

我的直觉是有实证依据的。好利获得公司当时的成长速度是要快过 IBM 的。好利获得制造的机器异常精美，员工的福利待遇也很好，并且有着詹路易吉·加贝蒂 (Gianluigi Gabetti) 这样非凡而优雅的管理人员。加贝蒂后来去了实业家乔瓦尼·阿涅利 (Gianni Agnelli) 家族控股的金融公司 IFI（Istituto Finanziario Industriale）。好利获得公司的总部位于伊夫雷亚 (Ivrea)，这是一座非常可爱的意大利城市，城市中散布着那个年代最著名的建筑师设计的各式建筑。

我觉得如果一家公司能够把一件事情做好，那么通常来讲它也能够把很多其他的事情做好。抱着这一信念，我继续大举购入安德伍德公司的股票，直至奥本海默基金成为了这家公司最大的外部股东。当时和我一起的还有一位名叫厄内斯特·奥本海默（与麦克斯·奥本海默并没有亲缘关系）的投资者，我们总共控制了这家公司 20% 的股份。

本来我们是要继续增持的，但是我的同事，公司的首席组合基金经理阿切尔·舍尔向我指明了一个小细节：安德伍德仍在亏损中。他制止了我的行动。而我原本的建议是奥本海默基金扩大自身在这家公司的占股比例。我们把这一分歧带到了董事会，董事会成员在听过我们双方的观点后，都站到了阿切尔的一边。最终，董事会的这一决定在某种程度让公司没有再受到随后发生的事情的影响。

如果不是事情的发展完全出乎意料，我们的投资是能够获得回报的。然而 IBM 在打字机市场上有着自己的战略规划。在 1961 年，IBM 推出了一种全新概念的电动打字机——字球式电动打字机 (Selectric)，这种打字机把所有字母都集中在圆形的打印头上，并利用这个可旋转的字球打印出字母来。尽管这种机器一开始非常容易出现障碍，但是字球式电动打字机很快就横扫了电动打字机市场。安德伍德对于 IBM 这种技术上的碾压级优势完全无力回击，销售业绩一落千丈，还差点将它的母公司好利获得拖下水。

然而，我并不会始终拜倒在一家公司的外部魅力之下。1962 年，在我关注的股票内部交易报告中，我注意到了全景电影 (Cinerama) 公司的首席执行官尼古拉斯·瑞斯尼（Nicholas Reisini）正持续购入自家公司的股票。我猜想他可能是知道一些内幕，于是也跟着他买入了一些股份，还安排了一次和他的会面。他在派克大街上有间非常漂亮的办公室，办公室里摆设有许多的古董，还有一位美丽的女秘书打点一切。这是一间好莱坞式的梦幻办公室，瑞斯尼也是一个精力充沛的魅力型 CEO。

瑞斯尼非常爽快，他告诉了我他自己的生活经历，以及他对全景电影公司的宏伟布局。当时他正计划着拍摄一些三维立体电影。他还告诉了我他在筹拍的电影的故事情节。他的故事一个比一个精彩，我完全被这些故事所倾倒了。确实是如此，直到我走出他雅致的办公室，踏入暴风雪中，我才突然意识到瑞斯尼已经成为了我最看好的生意人。在全景电影公司的第一部影片《西部开拓史》(*How the West Was Won*) 上映后，我下定决心卖光了这家公司的股票。我成功地在一只股票的股价接近其历史最高值时脱手，这是我人生中少有的几次经历。

20 世纪 70 年代中期的股市异常低迷。在 1964 年到 1982 年之间，股市的发展停滞不前，1964 年的道琼斯指数是 874，而到了 1981 年道琼斯指数是 875，17 年的挣扎消耗，只是让股市上升了这昂贵的一点。任何在 20 世纪 90 年代开始投资，并且认为股票的收益通常跑赢其他类型的投资的人，都应该静下心来仔细思考一下这两个数字和这两个日期意味着什么。比如说，1964 年的最后一天，48 岁的你按照股息再投资的原则用 10 万美金买入了道琼斯指数股票。你坚信在你 65 岁退休后，你将能够获得一笔丰厚的收益。当 1981 年的最后一天降临时，你拿到的金钱的价值将会远低于你最初投入的金钱的价值，而其中的原因就在于股市的一潭死水和通货膨胀对你的掠夺。

在这段时期，奥本海默不断寻找股市之外的投资机会。因为公司有一部分投资者想要掌控一家电视台，所以我们就开始求购纽约第十一电视台的广播执照，这家电视台属于论坛公司 (Tribune Company) 所有。我们还获得了地产公司通用服务 (General Acceptance Corporation) 的控制权，这家公司当时是佛罗里达历史上最大的一家破产企业（现在已经改名为"化身"）。此外，我们还控制了金融服务与石油公司 CIC，在这家公司的破产保护过程中，我们帮助它用真金白银还清了它的全部债务，并且这家公司当时还剩有可以出售的资产。

在 1974 年衰退中，道琼斯工业平均指数下降了 45%，这也把最后一颗子弹送入了所谓的开始于 20 世纪 60 年代末期的摇摆起舞的股市。那个年代充斥着对于高新科技的投机狂热，高风险、高运作的投资基金经理在股市中如鱼得

第 7 章
绝佳的投资机会

水，享尽了社会名流的虚荣，直至后来的阿拉伯石油禁运结束了所有人醉生梦死的生活。

然而，每一次危机中都孕育着机遇，我开始衡量在市场中相互角力的各方力量。在这不景气的市场中，有一个独特之处吸引了我的注意：许多公司在账务上进行了分拆和并购，然而它们的真实价值却并没有反映到公司的股票价格上。在 20 世纪 60 年代末到 70 年代初，市场上正经历着大规模的并购狂潮，像国际电话电报公司和海湾与西方工业公司 (Gulf + Western) 这样的企业集团吞并、收购了大量的公司。类似的并购表面上是为了获得协同效应和提高产业效率，但接下来的事实表明，这些愿景不过是镜花水月。到了 70 年代末期，我开始怀疑美国是否即将进入企业解体期，因为受挫的高管们正在出售他们在早些年费尽心机并购的资产。倘若事实真是如此的话，那么这其中定然存在着广泛的套利空间。

然后便是 1977 年，冬季的酷寒带来了天然气的短缺和第二次能源危机，觥筹交错的场景慢慢地开始消失。在 1977 年 2 月 2 日，美国总统吉米·卡特 (Jimmy Carter) 任命詹姆斯·施莱辛格 (James Schlesinger) 为美国的第一位能源部长，并责令他寻找到节约能源、增加能源供应的方法。我曾经参加过施莱辛格在华盛顿的一次演讲，其间他谈到了使用煤炭来弥补石油和天然气供应短缺的可能性（当时全球变暖问题还没有成为人们的隐忧，煤炭也还不是环境的头号公敌）。

当时我对煤炭行业已经有了一些了解，这是因为自 20 世纪 50 年代以来，我一直在关注朔伊尔掌控西弗吉尼亚煤与焦炭公司后所进行的一系列幕后操纵。我记得当时真正的获利机会并不在于煤炭开采，而是在于煤炭运输。我们的交通运输分析员伯特·芬格赫特 (Bert Fingerhut) 期望我们能够在铁路运输上寻找机遇——将大量的煤炭运往美国各地的最佳方式之一。于是，在施莱辛格演讲结束后，我找到他并询问他美国是否有充足的铁路运输能力来输送他所谈到的大量煤炭。他的回答可能有所保留，但他表示如果他的能源计划颁布的话，铁路系统将会全运力运转。这一简单的答案成就了我职业生涯中最有趣、最复杂，同时利润也最丰厚的一次投资。交易的完成花费了数年的时间才得以实现，但是芝加哥铁路公司、密尔沃基 (Milwaukee) 铁路公司、圣保罗和太平洋铁路公司 (St. Paul & Pacific Railroad) 的破产为我提供了一次黄金机遇。一家公司的破产常常蕴含着巨大的获利机遇，因为它已经吓走了大多数投资者，这也意味着公司的股票和债券的价格都已经下降到了极点。

自 20 世纪 40 年代起，我就开始关注铁路。当时，我的父亲开始购入诸如密苏里太平洋 (Missouri Pacifc) 以及明尼阿波利斯 (Minneapolis)、圣保罗与苏圣玛丽 (St. Paul & Sault Ste) 这类破产铁路公司的股票。大萧条时期，这个国家近半数的铁路公司都破产了。第二次世界大战动员曾短时间地改善了它们的运营状况，但是铁路公司很快又陷入困境。其中的原因部分要归咎于州际商务委员会扼杀式的监管。一级铁路公司如果想要合并，或是放弃某条线路，就必须经历极其漫长、痛苦的听证过程。州际商务委员会管理的空白会由工会填充，他们强迫铁路公司继续雇佣被新技术淘汰了的工人。

在 70 年代中期，州际商务委员会清楚地意识到了这种情况，许多委员把铁路的复兴视为爱国的责任。70 年代末期，我见到了州际商务委员会的一位委员，他指出在整个 20 世纪，加拿大的铁路运输一直都是在加速，而美国却是在放缓。加拿大有贯穿东西海岸的线路，但是美国的东西货物运输却不得不转换好几次线路，而每一次转换都会造成时间上的延迟和费用上的增加。

第 7 章

绝佳的投资机会

我和伯特·芬格赫特飞往华盛顿会见了许多州际商务委员会的委员。与他们的谈话使我相信,州际商务委员会将会采取重大举措来支持美国铁路的发展。我们接下来的任务就是,寻找到一家将会从这些尚未显现的变化中受益的铁路公司。

为帮助我们寻找到这样的一家公司,我们聘请了帕特·施斯泰路 (Pat Cestaro)。他曾是州际商务委员会的一位律师。腰围和人格一样宽广的帕特让我想起了电影《制片人》中的泽罗·莫斯苔 (Zero Mostel)。他喜欢穿着浮华炫耀的背带裤,扮演精明交易员的角色。帕特建议我们重点考察芝加哥、密尔沃基、圣保罗和太平洋这几家铁路公司。

在华尔街的大部分地方,他的观点都只会换来轻蔑的嘲笑。因为在 1977 年 12 月,密尔沃基铁路公司刚刚经历了第三次破产。由于条条框框的法规、斗争激烈的工会、错综复杂的结算以及广泛分散的资产等问题,铁路公司通常要花费很多年的时间才能从破产的余灰中重生。密尔沃基铁路公司当时一天亏损 50 万美元,并且有成千上万英里的路段是无利可图且破旧不堪的。即便是公司的主干线路也是如此的破损,以至于在 600 多英里的线路上,火车的时速不能超过 10 英里。此外,政府保护公众利益的举措受到了错误的引导,这更使得铁路公司的繁荣发展变成了几乎不可能的事情。像密尔沃基这样低效的铁路公司,它运输的货物越多,亏损便会越多。最终,州际商务委员会不得不批准费率上涨,而这通常又会激起托运者的不满。

当一家公司宣布破产时,所有已形成的格局会被推翻,新人会出来接手。许多机构倾向于卖出他们所持有的股份(有些机构甚至不被允许持有破产公司的股份),而这只会带动公司的外在价格低于公司的内在价值。分析师通常也会在这时降低对这家公司的信用评级，让混乱的局面更趋崩溃，由此也让投资者变得更加有机可乘。因为债券的佣金较低，许多公司都不愿意参与它们的交易，这再次导致了流动性的不足，并进一步增大了投资者的投资机遇。

密尔沃基铁路公司最是耐人寻味。这是一家由政府拨赠土地的铁路公司，这意味着作为对于建造西海岸铁路的奖励，密尔沃基从政府那里得到了轨道沿线数百万英亩的土地，这些土地就像棋盘图案一样分布在地面上。密尔沃基的铁路还建到了美国西部最大的煤炭产地附近，所以这家铁路的健康运营具有重大的战略意义。如果州际商务委员会兑现其诺言，消除阻碍铁路公司放弃线路和并购重组的重重困难，那么密尔沃基铁路公司将会成为非常有价值的资产。

这家公司另外一个吸引我们的地方是它的规模相对较小，我们可以很容易在董事会谋得多数席位，并对公司的决策拥有话语权。一开始时，我们购买了密尔沃基的债券，其中的大部分都是享有优先抵押权的，这意味着一旦这家铁路公司被清算，我们就能够优先获得这家公司的资产。我们购入债券的价格大概在 15 到 30 美分之间，并且相信公司的资产不仅能够完全抵偿债券的价值，还能够还清公司自破产以来所累积的所有利息。

在我们获得了相当数量的债券后，我立刻前往芝加哥会见芝加哥密尔沃基公司的管理人员，它们控制了密尔沃基铁路公司 96% 的股票。我询问这家公司的会计人员，请他们说说密尔沃基铁路公司及其股票能值多少钱。他们的回答迅速而明确：零。事实上，在这家控股公司的账簿上，密尔沃基铁路公司的价值只有象征性的 1 美元。在公司的会计人员看来，一旦这家铁路公司被清算，其资产尚不足以偿清其债务，持股的股东当然也就不会获得任何赔偿。

芝加哥密尔沃基公司的管理人员当然是大错特错了（他们的内部消息同样

是大错特错）。这是洞察力在金融界具有重要作用的又一证明——被控股公司的会计视为毫无价值的股票，最终却产生了每股 150 美元的收益。毫无疑问，芝加哥密尔沃基公司的会计师和管理人员都是目光短浅之人，但是我怀疑其中还有一些更为深刻的东西在起作用。这种差异也许可以用世界观的冲突来解释，因为每个人的行为与他的世界观都具有内在一致性。

高级管理人员对于铁路公司的评估仍旧停留在过去的观念中。他们所看到的都是铁路公司破产和亏损的悲惨历史，数千英里的废弃轨道，以及数年来管制改革的失败尝试。从这样的视角他们也只能够得到唯一的一个结论——密尔沃基铁路公司是一家永远都不可能盈利的公司。同样的一家铁路公司，我们所看到的却是实实在在的、可供出售的巨量资产和机器。管理层眼中有的只是严格的监管、费率上的限制和条条框框的工会条例，但我们认为现在事情已经有了转机，密尔沃基铁路公司将会再次迎来属于自己的春天。此外，施莱辛格关于能源的讲话也是一次具有挑逗性的暗示——铁路公司会迎来新的业务。

与此相似的世界观冲突也曾发生在下层住宅高档化时期。在贫民窟和贫困社区，居民将自己的邻居与犯罪和贫困联系在一起，他们迫不及待地想要离开。但是建造高级住宅的建筑师或开发商看到的却是曾经昂贵的高端住宅如今却可以以低廉的价格买到。这些购买者没有关于这些区域的不愉快记忆，他们看重的只是这些区域的光明前景。这一原则同样也适用于股票市场的每一笔交易：买方所寻找的是未来价值，而卖方通常却背负着所持股票的沉重历史。

当然，生活从来都不简单。居民在梦想了住宅高级化多年之后，可能仍旧停留在贫民窟的严峻现实中。20 世纪 70 年代，我曾经看中鲍厄里街（美国纽约市的一条街，以众多的低级旅馆、廉价酒吧而著称——译者注）的一处房产，而如果我当时买下了它的话，我现在仍然只会是在等待自己的意外之财。尽管密尔沃基铁路公司最终被证明是一笔利润丰厚的投资，但是它最终成为现实的时间却远超我和我的合伙人最初所估计的时间。此外，实现盈利的原因也与我们最初的分析大相径庭。要知道促使我们去投资的原初动力是铁路运输业将会反弹的预感。

首先，能源危机消退了，政府也放弃了他们增加煤炭用量的计划。但是，就当一连串的经济事件像是在合谋消除我们投资铁路的动力时，政府提高铁路公司竞争力的行动也大范围地展开了，这一点是我们真正猜对了的地方。

1980年6月，美国国会通过了《斯塔格斯法案》(Staggers Act)，这项法案允许铁路公司放弃原有轨道，参与并购重组，这些行动在以前都是要面对重重阻碍的。铁路公司现在终于有机会可以简化运营流程、提高竞争力，运量越大亏损越多的惨淡现实也成为了过去。尽管铁路公司仍旧在政府监管下运营，但可以肯定的是，铁路终究是这个国家非常关键的基础设施。事情也很快开始明朗起来，《斯塔格斯法案》的颁布成为了铁路投资者自几十年前内燃机取代蒸汽机以来，所面临的最为黄金的机遇。我不禁想起了一位老朋友的告诫：**最好的投资就是和政府站在了一边。**

也许可以将《斯塔格斯法案》称为"好的驼鹿因素"——一件意料之外的事情，但却大大地帮助了投资者。然而，即便发生了这样的偶然事件，它也绝不意味着你能够利用好这次投资机会。其中最棘手的麻烦是，密尔沃基铁路公司当时处于破产状态，任何清算或出售计划都必须得到破产托管人、联邦法官以及州际商务委员会的审核批准。他们的责任就是在投资者的权益和一系列相关因素间进行平衡，这些因素包括雇员的福利以及铁路公司所服务的群体的利益。

　　我们最初的计划只是在密尔沃基铁路公司身上进行一次短期投资，所获取的回报也只会是来自铁路公司的资产清算。但是破产托管人理查德·奥格尔维 (Richard Ogilvie) 却拒绝考虑对密尔沃基铁路公司进行破产清算，因为他觉得这一做法与公众的利益相抵触（奥格尔维是一个才华出众的人，他曾经担任伊利诺伊州的州长一职）。但是，奥格尔维也允许铁路公司放弃或出售其将近 1 万英里的铁轨的三分之二。同时他也批准出售了铁轨首次铺设时铁路公司所获赠的数万英亩的土地。这些举动有效地遏制住了现金的流失，使得这家铁路公司成为了众相追捧的投资对象。

　　我们不断调整地自己的策略，以适应这些新变化。很明显，铁路公司将能够筹集到足够多的钱来清偿优先债券的债务，这些债券的价格也随之上涨，而我们也结清了自己所拥有的债券。这些债券仍旧有上涨的空间，但是我们的律师托德·朗 (Todd Lang) 提醒我们，企业破产法不允许投资者同时大量持有一家公司的债券和股票。而显然，该公司的股票正在成为更具盈利前景的投资对象。首先，当时在密尔沃基铁路公司的控股公司中只有 200 万的股份是已公开发行并售出的，只要我们找到合伙人，我们就能够轻易控制该公司的股权。其中的运作原理是，一旦铁路公司连本带利偿清了它所背负的债务，资金就会流向普通股。

　　奥本海默投入了大量的资金来收购这家公司的股票。我们曾一度控制这家公司 25% 的发行股票，每股的平均购入价格在 25 美元左右。为了获取更大的影响力，我们联合了像彼得·夏普 (Peter Sharp) 这样经验丰富的投资老手。夏普和杰瑞·格林 (Jerry Green) 一起买下了卡莱尔酒店 (Carlyle Hotel)。他们两人在开发这座纽约地标性酒店的潜在价值上，展现出了各种各样的巧妙构思：他们把酒店变成了合作公寓，并通过出售公寓套间，赚回了他们为购买酒店所花费的资金。他们还大大地提高了这家酒店的盈利能力，同时又没有多花费自己一分钱。

在一次前往佛罗里达的飞机旅程中，我告诉了夏普奥本海默对于投资密尔沃基铁路公司的兴趣。我们在佛罗里达一起投资了一家破产了的地产公司（可以说这是一次长期投资，如今 25 年过去了，我仍然是这家公司破产后组建的新公司——"化身"的董事长）。夏普是一个强硬的谈判者。在夏普和其他合伙人的帮助下，我们最终控制了密尔沃基铁路公司 40% 的普通股。尽管掌握了这么多的股份，但我们在董事会只有一个席位，并且还不得不拼尽全力以阻止董事会削弱我们的权益。

最终，我们所掌握的股份使我们在这家铁路公司的处置问题上拥有了话语权。一旦一家公司明显有能力还清贷款银行和债券持有人的债务，贷款银行和债券持有人在公司的破产程序中也就失去了影响力。这就是所谓的"填充向上"。相反地，如果债权人能够证明他们的法定求偿权无法得到满足，他们就能够无视股东的权利，执行"强制批准"——实质上就是将股东扫地出门。随着债权人的退出，股东所掌握的话语权也越来越大，而因为铁路公司的买主不断出现，我们也有了越来越多的机会来使用这种权力。

这次的铁路投资活动涉及了一大批人，他们在不同时期都曾扮演过非常重要的角色。除了芬格赫特 (Fingerhut)、西斯特罗 (Cistero) 和夏普以外，还有我的合伙人杰克·纳什，在谈判陷入僵局时，我们偶尔也会把他找来。

在我们成为控股股东后不久，我和杰克就有过一次亲密的通话。奥格尔维宣布他已经签署了一份意向书，准备将密尔沃基铁路公司出售给大干线铁路公司（加拿大国家铁道运输公司旗下的一家分公司）。大干线铁路公司无须支付任何现金，他们只需要承担密尔沃基铁路公司 2.53 亿美元的债务，以及自 1979 年以来 1 亿美元的贷款和附加利息。为了阻击大干线铁路公司的投标，我们开始公开招募其他的投标者。

之后我们还拒绝了芝加哥与西北运输公司 (Chicago and Northwestern Transportation Company)，这家公司的管理层给出的报价要高于大干线铁路公司，但与我们的心理预期相差甚远。我们花费了将近 1000 万美元来找律师和专家评估这家铁路公司的价值，最终得出的结论是这家公司的价值在 3.6 亿美元到 6.7 亿美元之间，这远远超出了大干线铁路公司和芝加哥与西北运输公司的报价。但事情至此并未完结。

1984 年，苏铁路公司（属于加拿大太平洋铁路公司所有）加入了战局，此次竞标也开始升温。根据奥格尔维的估算，苏铁路公司最终给出的报价在 5.706 亿美元左右，只比芝加哥与西北运输公司在 4 月份给出的报价高了一点点。在此之后，芝加哥与西北运输公司果断行动，将他们的报价提高到了 7.86 亿美元。也就是说几年前还被视为分文不值的股票，如今每股的价格已经超过了 200 美元。在我们的全力支持下，奥格尔维于 1984 年 10 月 17 日将这一报价提交给了该破产案的主管法官托马斯·麦克米伦 (Thomas R. McMillen)。在 10 月 21 日，州际商务委员会以 5:2 的投票裁决芝加哥与西北运输公司的收购符合公众利益（尽管委员会重申了他们对于苏铁路公司的支持），我们感到自己已经是稳操胜券了。

然而，苏铁路公司仍旧还有一些未使出的杀招。他们的律师在麦克米伦面前辩称芝加哥与西北运输公司的高报价必然会使得密尔沃基铁路被分拆，而这是主审法院此前就明确拒绝的。麦克米伦法官对加拿大人似乎也是非常偏袒。在宣布他的观点前，麦克米伦指出加拿大在二战时期曾是美国的忠实盟友，并且如果出现第三次世界大战的话，美国需要得到它的所有友邦的支持。我敢打赌，这是麦克米伦在二战过去了 40 年后，第一次将二战期间的国家安全问题作为决策的一部分援引到破产意见中。不管怎样，苏铁路公司或者说加拿大太平洋铁路公司最终获胜了。尽管麦克米伦提到了国家安全问题，但几乎可以肯定的是，他遵循的是州际商务委员会的意见，以及他自己对于两家竞标公司的相对实力的（正确）评价。

我们总计拒绝了七家竞标公司，包括这些公司的高管提出的一些条件，例如发行更多的股票——这最终将会损害股东的权益。我们的这次投资最终被证明是非常成功的。即便接受了苏铁路公司每股 150 美元的报价，控股公司仍旧拥有宝贵的土地。此次我也是在尝试运用从朔伊尔那里学来的投资技巧——积累足够多的股份，获取足够的控制力。

其他的投资者也在关注着我们的这次行动。在事态发展的过程中，很多的投资者也购买了密尔沃基铁路公司的股票。其中有一位富有的银行家控制了和我们一样多的股份，这位大投资者是一家家族银行的继承人，其家族兴起于原来的奥斯曼帝国。因为这次投资我们投入了数百万美元的律师费用和研究经费，而他是理所当然的受益者，所以我曾经询问他是否有意愿分担我们的费用，但是他拒绝了。我被彻底激怒了，我生气地喊道："现在我知道他们是怎么在巴格达做生意了！"我们不是唯一对破产企业有兴趣的公司。在 20 世纪 80 年代中期，一大批新兴投资公司和投资基金获得了投资破产企业的授权，像高盛这样的大型投资公司也设立了它们自己的"问题证券"主管部门。这次投资密尔沃基铁路公司的经历让我们得到了一个教训,那就是选择投资的时机非常重要。在我们投资了许多年后,这家公司的债券和股票才开始显著上涨,这意味着在等待的这段时期,此次投资拖累了我们的投资者的资本收益。此类投资的负面影响会带来压力,让一次有前景的投资在尚未开花结果前就已夭折,因为总是会有其他的投资机会不断吸引投资者的注意。另外一种负面影响因素是"投资者疲劳"现象,包括我和杰克·纳什在内的许多投资者都很容易受到这种因素的影响。多年来我们艰苦鏖战,不断召开会议讨论此次投资的细节,但却无法证明此次投资的价值,当时许多投资者都已经想要撤资,并且永远地摆脱这一问题。

当市场开始意识到密尔沃基铁路公司的投资价值,另外一些有趣的问题又出现了。如果一只股票的价格涨到了原来的三倍,投资者就需要考虑是否现在就获利了结,还是待价而沽,因为股价也许还有上涨的潜力。有些人采取保守的投资策略。当拉扎德投资银行 (Lazard Frères) 的著名银行家安德烈·梅耶 (Andre Meyer) 被批评过早地卖掉自己投资的资产时,他回答说:"没有人在自己的资产翻了一番后,还会破产。"他是正确的,但是在我看来,**恰当的投资观念不是关注于你眼下获得了多少收益,而是你的投资在某个时间点上的风险收益比。而你为一只股票所支付的价格根本就是无关紧要的。**

奥本海默也总会有一些想要持盈守成的保守投资者,但即便是在资产翻番的情况下,我们有时也会倾向于再持有它一段时间。相对地,我们有时会因为持股的时间过长,以至于股价已经开始下跌。当然,我们会不断地对自己当前的处境做出评估,但是只要我们认为持股的回报明显超过持股的风险,我们就会继续持有它。这也减少了我们所需缴纳的赋税。直到加拿大太平洋铁路公司收购密尔沃基铁路公司后过了许久，我们才开始出售该公司的股票。

　　即便是一笔正确的投资，也会在一段时期里遭遇市场的诡谲，使股票的价格远高于或远低于投资者的最初预期。所以，投资者必须时时评估潜在的风险收益比，以及实现预期收益所需花费的时间期限。这一原则再次将我们带回了心理学的研究范围。因为驱使一个人在某个特定时刻做出购买或出售决定的是理智和情感的相互作用，而这种相互作用可能与该公司的健康状况和市场态势毫无关联。

THE MIND
OF
WALL STREET

第 8 章

发现价值，释放价值

税收机制反映了一个社会的价值取向。法国顶级葡萄酒产业的形成绝非偶然。法国的税收对顶级葡萄酒制造商有政策上的倾斜，他们所需缴纳的税费比普通葡萄酒制造商要低很多。这样的税收机制会激励制造商不断提高他们的葡萄酒品质。我曾经思考过资金流向税收优惠产业、流出高税率产业的种种方式，并最终得出了一个结论——税收在塑造历史上扮演了一个极为重要的角色。考虑到税收政策都是由政府来制定，政府部门也的确可以借此来影响社会进程。政府能够有意地运用税收激励政策来促进产业发展，但更多时候，他们都只是粗心大意，弄错了民众对于税收的反应。在 20 世纪 90 年代，纽约市政府开始向非公司经济实体征收重税，征税的对象主要是自由作家、艺术家、演员以及其他从事创造性工作的自由职业人员，而当时这些人只不过才刚刚开始走向成功。市议会采用了社会主义国家的理念，通过立法开始向收入超过 6 万美元的个体征税，但是这次税收的调整却带来了预期之外的效果。不堪重负的自由职业者开始离开纽约，那个时候他们不过才刚刚开始为这座城市的经济、生活做出自己的贡献。

很多人都逃税了，有些人则忽视了税收的变化，还有一些人直接搬走了，他们为其他的地区带来了丰富的文化，而纽约却两手空空。尽管《纽约时报》偶尔会有评论文章批评这种税收政策，但是相关部门却从来没有做出回应，而这也证明了税收的另外一个特点：税率一旦被确立，它就成为了这个地球上最顽固的东西。

政府在征税上的智慧是无穷无尽的。法国历史学家加布里埃尔·阿尔当 (Gabriel Ardant) 曾经写过一部两卷本的专著——《税收的历史》(1971)。这本书追踪研究了历史上的税收作用。我重拾起高中时期学过的法语，再加上一本词典的从旁协助，开始艰难地研读起这两卷书来。为了让自己轻松些，我开始试着赞助一家出版社让它们将该书译为英文，但是我却一直未能找到一家愿意与我合作的美国出版商。

我之所以要在阿尔当的书中艰难跋涉，部分原因是因为尤金·林登 (Eugene Linden)，他是我的这本书的合著者，并且我当时已经开始阅读一本将税收视为历史力量的书籍。我们后来停止了研究，因为显然这项工作是需要穷尽一生的精力的。我觉得这不应该是我的生活。也许未来的某一天，一位智慧而有远见的出版商会请求我们回到这个项目上。

一方面，政府从公民那里征收他们认为适当的税款时，他们通常是非常有效率的。阿尔当发现古埃及的税务机关会等到尼罗河洪水涨到最高位时才做出税率评定，因为那个时候牲畜都被牵到了高地，农民很难再向法老隐藏他们的财富。另一方面，税收法规又为投资者提供了获取丰厚利润的机会。在美国政府将铀视为一种战略资源后，国会便立即出台了税收优惠政策，鼓励企业家寻

第 8 章

发现价值，释放价值

找并出产这种物质。

统一的所得税率（比如说对所有纳税人都征收 17% 的所得税）执行起来非常简单，但是如此一来政府也就失去了对社会需求的活动提供激励机制的能力。美国最伟大的税收激励机制就是允许中产阶级在房屋抵押贷款上减免所需支付的利息。其中的理论依据就是，房屋拥有者能够组建起更加稳定的社区，因此应该被鼓励。实际点来讲就是，房子是大多数家庭所拥有的最贵重的资产。想象一下：如果一位国会议员告诉他的选民，他要夺走政府赠予他们的最实惠的礼物，那么这些选民会有什么样的反应？

在商业活动中，与房贷利息减免相似的税收优惠政策就是一家公司可以对机械设备的投资进行折旧计算。通过减少这些设备的折旧年限，政府可以给予更大的税收优惠，由此也鼓励企业家花钱购入新设备。取消折旧会使政府失去刺激投资的一个有力杠杆。

另外一个受到税收影响的行业便是慈善事业。美国和其他国家之间在存在着一个明显的区别。在美国，艺术、教育、科学以及其他具有社会价值的领域都掌握在富裕阶层的手中，而在其他国家这些是由政府来控制的。我们作为一个社会整体，通过为慈善捐款减免税收并给予其他优惠来鼓励美国人大方捐出自己的财产。很多美国人不仅在生前慷慨解囊，在去世后也会拿出一部分遗产用于捐赠。如果政府废除这一鼓励捐款的激励措施，很难想象美国的大学、博物馆、交响乐团、歌舞剧院、环保团体、医院、医学基金会、图书馆会变成什么样子？宗教组织及其财产也享受到了许多的税收优惠。有哪一位政治家会希望这些平日里爱好和平的组织起而反抗他们呢？

人们也许会向往统一税率的整齐划一。但是当不同的选民真正弄清楚其中

125

的意味后，这种诉求很快便会土崩瓦解。也许制定统一税率制度的主要障碍在于，它要求一个已经对政府处处猜疑的市民主动去相信，我们选举出的领袖会保持住统一税率，并将其维持在 17%（或者其他任何选定的数字）。

1978 年，就在我认识到税收是历史上的一种社会力量后不久，我和尤金·林登安排了一次与威尔伯·米尔斯 (Wilbur Mills) 的会面。米尔斯曾是国会中最有权势的几个要人之一，同时也是税收制度方面的权威专家。他曾在众议院筹款委员会 (House Ways and Means Committee) 担任要职长达 16 年的时间。当我和他见面时，他已经因为一件不光彩的事情而离开了国会——他被抓到与脱衣舞娘范尼·福克斯 (Fanne Foxe) 在华盛顿的潮汐湾嬉戏作乐。米尔斯在酒友的选择上可能品位可疑，但是他的智慧绝对是可以信赖的。他对税收的政治、社会背景的深刻理解令我钦佩。他非常确信，只有那些对于政府工作抱有天真幻想的人，才会幼稚地提议统一税。不管采取什么样的花言巧语来向公众兜售他们的税收政策，国会最终都只会将新的低税率作为提高税收的起点。毕竟，如果国会因为要向退伍军人和警务人员的孤儿支付医疗保健费用而将税率略微上调一个百分点的话，那些税率刚刚从 30% 降到 17% 的纳税人根本不会因为税率变为 18% 而牢骚满腹。

在 1970 年，个人和企业所得税率都异乎寻常地高，这也使得精明的税务咨询师不断设计新的避税方式。因为税率很高，股票市场又一潭死水，企业家都不想出售他们的公司。所以，当我和我在奥本海默的同事听说有办法高价出售一家公司，同时又只需支付很少的税费时，我知道我们的机会来了。

艾勒·赫克勒 (Ira Heckler) 是哈佛大学的高才生，也是一位精通税收法规的优秀注册会计师。正是他用杠杆收购的概念吸引了我们的注意。赫克勒是房地产业颇具创新精神的企业家，在房地产业，杠杆收购被称为"抵押收购"。这个概念很简单：参与杠杆收购的买家通过抵押被收购公司的资产来筹措经费，完成交易。但在实际操作中，完成一次杠杆收购是非常困难的，因为这笔交易必须让被收购公司的企业主获得足够多的好处，必须激励管理层获取更好的业绩，也必须为买家带来丰厚的回报，因为只有这样，所有耗费的时间和努力才是值得的。有时候买家要花费 10 年的时间才能真正实现一笔收购的价值。

在赫克勒想法的初步成型阶段，我们就已经认识到了其中的巨大潜力。我们和他达成了一项协议，由他来为我们寻找价值被低估的公司，这些公司必须有着完善的管理、稳定的市场和很好的现金流。在我们所有一起完成的交易中，赫克勒分得三分之一，奥本海默分得三分之二。

我还注意到，因为市场无处着落，大企业集团的价值常常低于其各分公司价值的总和。这使我相信，20 世纪六七十年代的并购狂潮正趋于结束，随之而来的将是大企业分拆重组的时代。

杠杆收购为每一个人都带来了好处。持股股东会得到一个比股票交易市场更好的价格，同样重要的是，他们的收益会受到税务机关的庇护。出售公司的收益将会进入共同基金，并最终用于投资市政债券，这意味着企业主在取回他的收益时可以非常有耐心并讲求策略：他们延期了资本利得税，而市政债券的收益又是免税的。

我们许诺给公司高管以未来利润的 20%，并给予他们合伙人的地位，拥有在未来 10 到 15 年中管理这家公司的权力。我们做出这样的让步，就是为了平复管理人员潜在的不信任和对抗，但是这最终成为了我们的重大失误。我们本以为，如果我们和公司管理层分享共同利益，杠杆收购的策略最终就会让我们所有人都受益。我们错了。现在回想起来，为了完成杠杆收购而和管理层签订那样的协议并非明智之举，因为那些协议使我们无法解雇任何人。相似的圈套近期也越来越多地浮现出来，企业董事错误地认定，股票期权使他们与经理人有了共同的利益基础。但是如今所有财经新闻的读者都知道，这个假设已经被证明了是错误的。

我们收购的第一家公司是大熊百货 (Big Bear Stores)，这是一家位于中西部的连锁超市，1975 年我们收购它时花费了 3500 万美元的资金。我们在计算公司的存货成本时采用了后进先出的会计方法，这种会计方法能够提高公司的账面成本，并进而使公司获得了一大笔往年所缴纳税费的退款（当公司存货后来以市场价销售时，美国国税局还是索回了属于他们的那一份税金）。

重新设计优化后的大熊百货赢利性非常好。在我们初次考虑收购该公司的 14 年后，我们将它卖给了佩恩运输公司 (Penn Traffic)。因为我们收购大熊百货的大部分资金来自借贷，所以我们的投资回报率也非常的惊人，达到了 100：1。我们只投入了极少的资金，而用于杠杆收购的抵押资产就像是成了我们的赚钱工具。每一个房地产经纪人都很清楚使用高杠杆"无追索权"（没有个人责任）借贷资金的策略。如果这一策略运用得当，那它就会成为一种很好的获取财富的方式；即便最后失败了，投资者所损失的也仅仅是他投入的那点金钱。

在我们投资大熊百货并获取利润之前，我们就知道杠杆收购的运作方式非常符合我们公司的气质和性情。艾勒·赫克勒喜欢做交易，但是一旦交易完成，他对公司的运营就漫不经心了。但是杠杆收购的投资方式决定其工作量在交易完成后较之前一点也不会少，某些情况下甚至还会更多，因为我们必须经营收购的公司。杰克·纳什一直留在收购公司的管理层，以确保公司的运营状况良好。

第 8 章
发现价值，释放价值

我也参与到了这项工作中来。我进入了大熊百货的董事会，并与这家公司的管理层建立了密切的联系。在此期间，我可以自由查看公司位于俄亥俄州州府哥伦布市（大熊百货总部所在地）的部门的经营情况。但并非每一次杠杆收购都能像大熊百货这样成功。连锁超市是竞争性很强的行业，我们后来又收购过其他的超市，但并没有能够延续此次的成功。

在发掘价值上，我既耐性十足又深谋远虑。为了赚取投资成本 100 倍的收益而等待十年，似乎也是一种对于时间的合理投资。杰克·纳什并不习惯于如此漫长的回报周期，但是倘若我能拿出有说服力的案例，他也会全力支持我的计划。我们也有马丁·拉比诺维茨 (Martin Rabinowitz) 这样的天才税务律师来为我们提供专家知识。拉比诺维茨第一次为我们提供建议时，他还只是威嘉律师事务所 (Weil, Gotshal & Manges) 的律师，但是当他看到我们因听取他的建议而获利丰厚时，他就明智地加入了我们，成为了我们的一位合伙人。

在收购大熊百货后，又有大量的交易纷至沓来。既有哈瓦塔帕雪茄 (Havatampa Cigar) 这样的著名消费品牌，也有一些相对来说没什么名气的公司，如纺织品公司亚特兰大雪莉 (Shirley of Atlanta) 和史蒂文斯 (J. P. Stevens)，服装制造商莱斯利·费伊 (Leslie Fay) 和女装公司唐·肯尼 (Don Kenney)；家具和珠宝饰品连锁店诚品百货 (Reliable Stores)，以及连锁折扣店卡尔多 (Caldor's)。其中的有些收购并不成功，很多公司在被我们卖出几年后也都走向了衰败。

随着时间的推移，政府取消了一些令杠杆收购魅力十足的激励机制。首当其冲的就是，我们无法再通过创立共同基金投资市政债券的方式来规避资本所得税。然而到了此时，杠杆收购已经有了自己的蓬勃生命力。就在我们寻求各种方式来释放实力被低估的公司的价值时，奥本海默也进入了快速扩张期，我开始思考如何让自己以及我的合伙人从日复一日的经营重担中解放出来。到了1977 年，奥本海默的雇员已经超过了 1000 名，公司的经纪人业务蒸蒸日上，奥本海默基金的增长势头也非常迅猛。这种种因素重重地压在了我们的肩上，极大地限制了我们进行杠杆收购这样的私下交易的灵活操作能力。

杠杆收购交易中总是会存在着一定的风险，交易的另一方可能摇身一变就成为了你的敌人，并将他的愤怒发泄在奥本海默的经纪人业务上。此外，公司的经营管理问题消耗了我们一大部分的精力，使我们无法在收购交易上倾尽全力。为了能够完成杠杆收购，我们还需要长期性的流动资本。最终，公司的规模越是增大，我们越是清醒地意识到，奥本海默的合伙人制度存在着致命的缺陷——一旦某个合伙人把事情搞砸了，其他普通合伙人都将承担起无限责任。

我们必须将奥本海默的收购交易业务与其他业务剥离开来，这样既能够释放资本用于私下交易，又能够防止风险四处蔓延。为了达成这一目的，我们需要有一个新合伙人，他会愿意用后偿贷款来换取奥本海默的一大笔私人股本。我们的意图是设立一家股份合作制公司，并用这家公司来持有基金管理公司奥本海默基金的股份，以及其他部门的股份。

我们开始在市场中调研，寻求愿意进行这笔投资的资本，我觉得欧洲资本很符合我们的要求。欧洲有很多家投资机构都在寻找机会进入规模庞大且充满活力的美国市场。最终我们找到了一家英国公司——依莱特投资信托公司，这是一家由迈克尔·斯托达德 (Michael Stoddardt) 经营的投资公司。

寻找到这笔贷款只不过是这场战役的一部分，我们还必须说服公司的共有人放弃他们的合伙人股权以换取股票。再一次地，杰克·纳什证明了他对于公司未来发展的关键作用。他劝服了所有对新的公司结构持怀疑态度的合伙人，这一任务对于公司具有重大意义，也是我永远都不可能做到的。

有了这一新的公司组织结构，我们得以轻易地找到有限责任合伙人，并且在收购交易上也更加积极。这一举措的时机把握得恰到好处，因为当时的市场正处于迅速变化中。随着杠杆收购交易的增多，华尔街对它也愈发地感兴趣，因为这其中蕴含着巨大的业务费潜能。

没有人能够知道前方的岔路会指向怎样的一个未来，你必须踏进去然后自己去寻找。重组公司不仅让我有了充足的时间进行收购交易，还使我得以对自己一天的生活状态进行评估。奥本海默的重组还存在着一个副作用，如今公司的结构允许我们考虑出售部分或是全部业务。

在接下来的几年中，接二连三的事件促使我和杰克（以及其他的高级合伙人）开始越来越认真地对待这种出售奥本海默的可能性。这家公司尚处于雏形时期我就已经参与了进来，我对它的忠诚毋庸置疑，但是我一直都更喜欢轻装前行。我和杰克都更愿意当委托人而非代理人，出售奥本海默将会让我们放手参与到收购交易和其他市场机遇中。

市场自身也为我们出售奥本海默创造了机会。国外投资者对于美国市场的关注度不断增长，大量企业开始注资诸如德崇证券、第一波士顿和唐纳森这样的美国公司。奥本海默拥有一流的证券研究部门、业绩优秀的共同基金以及稳定的经纪业务，国外投资者定然会愿意为它支付高价。

我们在 1981 年正式决定出售奥本海默时，我首先找到了雅各布·罗斯柴尔德 (Jacob Rothschild)。此时在我的脑海中浮现的是我的祖父的欣喜笑容。我的祖父移民自波兰，罗斯柴尔德对他来说会是一个十分熟悉的姓氏。雅各布拒绝了我们,但是在迈克尔·斯托达德的帮助下,我们找到了一个看似不错的买家——伦敦商行 (London's Mercantile House),这是一家世界范围的金融服务公司,其管理者约翰·巴克舍尔 (John Barkshire) 是一个敏感易怒的人。

此次出售包含了奥本海默的所有资产,只有我、杰克以及其他涉足了公司财务的合伙人是例外。我们获得了重新开始的自由,并且有了一大笔资金供我们大展拳脚。这次收购对于伦敦商行来说潜力巨大,因为交易完成后便是 1982 年开始的历史上最长的牛市。奥本海默公司一直都以其买卖交易而闻名,如今它自己要被收购的事实自然引起了媒体的注意。《纽约时报》上有一篇文章用"奥本海默的大交易:出售自己"这样的文字来做标题。这笔交易让所有人都很满意,唯一的例外是我的岳母。《纽约时报》上的那篇文章刊出后,她打电话问我的妻子,既然我已经失业了,接下来有什么样的打算。

这笔利润丰厚的出售案 (成交价格为 1.62 亿美元,是公司账面价值的 3.4 倍) 因为仅有的一个意外事故而变得不光彩起来。我们聘请了拉扎德投资银行来出售奥本海默。作为这次出售程序的一部分,拉扎德投资银行进行了尽职调查,然而他们也正是借此对于奥本海默的经营管理有了充分的了解,并开始劝诱公司里那些最优秀、最出类拔萃的员工投入其怀抱。对于我而言,拉扎德投资银行的行为是对职业伦理的无耻僭越。我也觉得我对于伦敦商行负有责任,我们交付给他们的应该是那个他们为之追求的奥本海默。所以我就伺机拜会了拉扎德投资银行在纽约的一位高级合伙人,菲力克斯·罗哈廷 (Felix Rohatyn) 先生,并要求他的同事停止这种有损奥本海默利益的勾当。

我们在奥本海默位于麦迪逊大道和 47 号街 (47th Street) 的办公室进行了会面。和我一起的还有我的合伙人史蒂夫·罗伯特 (Steve Robert),当时他是奥本海默的总裁。他会继续留在公司为伦敦商行工作，因此他也是拉扎德投资银行恶劣行径的主要受害者。谈话进行到某一阶段时，罗哈廷试图转移我们的愤怒，他说道："听着，这次对话不会取得任何成果。我们所有人都离过婚对吧？这次的情况和离婚没有差别，只不过你的立场不同罢了。"此时史蒂夫站起来说："你说得没错，这就像是离婚，但是这次离婚是因为你的律师勾引了你的妻子。"

这次奥本海默和伦敦商行的联姻并没有以关系破裂为终结，但是终究也不是一场幸福的婚姻。奥本海默在被收购的第一年，创造了其历史最佳业绩，但伦敦商行并不善于管理这家综合性公司，并且从其他金融巨头那里感受到了激烈的竞争压力。1990 年，伦敦商行破产。史蒂夫·罗伯特连同另外一位前合伙人内特·甘彻 (Nate Gancher) 一起买下了奥本海默，他们把公司打理得非常出色，并在几年之后将其出售给了加拿大工商银行 (Canadian Industrial Bank of Commerce)。加拿大工商银行是一家官僚作风极为严重的公司，史蒂夫为此评论说："加拿大这个国家似乎满大街都是副总裁"。史蒂夫和内特之后又将奥本海默基金拍卖给了万通集团 (Mass Mutual)。史蒂夫现在是布朗大学 (Brown University) 的校长，他把他的大部分时间都奉献给了学术界；而内特则成为了塔夫斯大学 (Tufts University) 的董事长。

我和杰克也没有停下脚步，我们一同组建了奥德赛合伙人公司 (Odyssey Partners)，以对冲基金为主营业务。许多对冲基金都有自己独特的投资风格，但是我们不同，我们并没有为我们的投资项目设定任何限制。毕竟，有什么理由要让机遇从自己面前白白溜走呢？

同时开展私募股权投资和对冲基金业务的合伙人公司并不多。虽然将两种业务组合在一起看起来会有些笨拙，但事实证明这种投资组合非常成功。在奥德赛合伙人公司 14 年的寿命里，我们每年的资本回报率平均达到了 28%。

在奥德赛的私募股权投资领域，我们不断探索从大企业集团的分拆重组和其他业务中获利的可能性。就我个人而言，我并不喜欢恶意收购和肮脏的代理权之争。我一直坚信，划船前行的最佳方式是所有人都把力气往一个方向使。然而，我们关注的一些可以分拆的大企业集团其规模的确是太大了，仅仅是通过杠杆融资的方式是无法直接收购的（至少在 1982 年，垃圾债券出现之前是这样的）。

我们找到了杠杆收购和代理权争夺的替代方案。托德·朗自 20 世纪 60 年代起就成为了我们的律师兼顾问，他建议我们尝试一下意向性决议 (precatory proposal)。意向性决议是要求一家公司采取特定行动的建议，同时这个建议要被全体股东所讨论。公司高层可以选择忽视意向性决议，但倘若它受到了大多数股东的支持，对其置若罔闻显然不是明智之举。然而，意向性决议仍旧无法消除管理层的不满。

我们的市场研究部门仍旧在寻找那些相较于它们的商业价值，其实是在折价出售的公司。采用这一方式，我们找到了环球公司 (Trans World Corporation)，这家公司旗下拥有环球航空公司 (Trans World Airlines)、希尔顿国际 (Hilton International) 连锁酒店、21 世纪 (Century 21) 房地产公司，以及其他拥有独立业务的公司。董事长艾德·斯玛特 (Ed Smart) 在环球公司的股东们看来并不是一位称职的管理者。我们对环球公司了解越多，就越是觉其秀色可餐。该公司的股价被严重低估，因为它旗下的航空公司在 1981 年到 1982 年的衰退期中遭遇了严重的打击。实际上，环球公司当时的市值在 5 亿美元左右，尚不及它的子公司希尔顿国际的价值。没有一家机构在环球公司拥有控股地位，但是这些机构共同控制了该公司已发行股份的 35%，这意味着我们将不必再为获

第 8 章

发现价值，释放价值

得持股股东的支持而跑到这个地球的犄角旮旯。环球公司的债务很少，它旗下的五家子公司在运营和财务上也都是独立的，这让它们的价值非常容易被评估，也让公司的分拆重组变得简单。

在创立奥德赛之前，我们就已经开始寻找合伙人共同投资环球公司。我们还向管理层"暗示"，环球公司子公司的价值之和已经超越了它的整体市值。8 月 13 日，我收到了一封电报。电报通知我伦敦商行对于奥本海默的收购已经完成，当时我正和妻子以及西格蒙德·沃伯格 (Sigmund Warburg) 爵士在一家餐厅共进午餐，窗外便是瑞士沃韦市的日内瓦湖美景。沃伯格爵士对于我们的拆分方案非常重视，不久之后他就加入了我们为拆分环球公司而成立的投资合伙公司，并且还把法国巴黎银行 (French Bank Paribas) 拉上了船。

我们很担心我们的动机会被环球公司的管理层所误解，并进而对我们产生敌意，所以我们就采取了意向性决议的分拆方案，并且让我们的行动在私下秘密进行。博思艾伦咨询公司 (Booz Allen & Hamilton) 还为我们提供了详尽的评估分析，让我们的分拆方案更加缜密。

然而，坏事终究还是发生了 (杰克·纳什曾就此提醒过我，不过我当时还是说服了他一起来参与这次投资)。我们的行动泄露了风声，环球找来了高盛公司好让我们知难而退。他们还雇佣了罗森法人律师事务所 (Wachtell Lipton Rosen & Katz) 作为法律顾问，这家事务所以其传奇般的韧性而闻名。

为了应对这一新情况，我们作为持股比例超过 5% 的股东向证券交易委员会披露了我们的信息，这也是证券交易委员会自身的规定。我们还公开表示，我们无意控制环球公司。此外，我们还解散了用于投资环球公司的合伙人企业，让我们的投资者自由地做出他们的决定。

　　所有这些安抚举动，都未能让环球公司的管理层放松一丝一毫，艾德·斯玛特尤其对我们警惕万分。这次的收购计划中，我所犯的最大错误在于，我低估了公司管理层对于这家公司的归属感，并且我没有必要最大化持股股东的利益。任何见证了安然轰然倒塌的人，都会奇怪我们当时怎么会如此幼稚。环球公司对于我们的接近举动的第一反应便是发布一篇新闻稿，告诉奥德赛合伙人公司"请去别处寻找机会"。

　　更确切地说，大公司的管理层有小公司所没有的致命武器：他们与其他大公司的董事会和高管有着千丝万缕的联系和共同利益。环球公司可以肆无忌惮地挥霍持股股东的金钱，而我们却只能够小心翼翼地投入自己的资金。作为一家(当时)每年支出近50亿美元的公司，环球对于许多其他的企业来说都是非常重要的客户。它的董事们一共任职了40家公司的董事。借由这一关系网络，环球公司开始向一些其他的公司施压，而被施压公司的养老基金恰恰就是我们正在寻求收购支持的机构的主要资产组成。环球公司还从其他方面与我们直接兵戎相见——把我们告上法庭，并在《华尔街日报》和《纽约时报》发起广告宣传活动。环球公司还强制通过了黄金降落伞(指公司给被解职的高层管理员工的大笔补偿金——译者注)计划，并通过改变公司章程的方式让普通股东更难影响公司的决策。

　　乍看起来，环球公司的举动已经向持有其股份的投资机构表明，公司高层并没有将其股东的利益放在第一位。但是许多机构自身在保持环球公司的完整性上都存在着既得利益——管理者职位、特殊待遇(例如，免费的航空旅行)，以及管理附属子公司养老基金所带来的额外业务——并且工会也强烈反对将这家公司拆分。在这种种压力下，一些原本承诺支持拆分方案的机构竟然临阵倒戈，还有一些机构选择了弃权。等到真正开始投票时，我们的建议得到了680

万股的支持，而该公司的管理层则得到了 1380 万股的支持。我的建议对于管理层来说是友好且有礼的，并且它也会为股东们带来更多利益，但其最终结果却是如此地草草收场。

现在回想起来，我根本就不是发起这一分拆行动的合适人选。意向性决议也并非一个好主意，毫无疑问我们应该谋求绝对控制权。我所能责怪的只有我自己；我也不想公司的形象受到负面影响。当我寻求组合基金经理的支持时，他们总是在问："如果这次失败了，你们明年还会卷土重来吗？"我当时也只是支支吾吾地点头，现在我知道我的回答应该是："你最好相信我们会的！如果我们到时输了，我们还会继续尝试，不达目的，决不罢休！"

这次的投资故事里，还有一件极具讽刺意味的事情。在整个事件的始末，高盛都不厌其烦地宣称，环球公司作为一家大企业集团，要比其四分五裂更有价值。但其实在这个问题上，高盛根本就是墙头草。在被环球公司聘请来保护自己以前，高盛就已经在向大量机构建议投资该公司，因为这家公司在被拆分后会更具价值。此外，1982 年 10 月，就在我们组建合伙人公司以释放环球的这种价值时，高盛发布了一份研究报告，它们声称："单独来看，环球公司的非航空资产的价值已经远远超过了该公司的市场价值总和。"在高盛帮助环球挫败了我们的计划后，环球的股价也直接滑落至最低谷，这使得我们以及关注了高盛研究报告的高盛客户都损失了一大笔金钱（高盛这种两面三刀的行径成了此后 10 年间投资银行的常态，后来所发生的种种事件也清楚地向我们揭示了这些投资银行究竟代表了哪些人的利益）。几年之后，环球落入了更加惨淡的境地，卡尔·伊坎 (Carl Icahn) 顺势将其成功接收。伊坎在执掌环球后大肆裁员并削减开支，甚至还一度取消了对于飞机的日常清洗工作，这导致许多消费者开始担忧起航行的安全问题。

与此同时，杠杆收购的市场不断扩张。在整个 80 年代里，交易量都在不断增长，很多家公司都组建起大财团来为交易融资。此外，在 70 年代末期，德崇证券的迈克尔·米尔肯开始探索垃圾债券的潜在价值，这一创新大大扩张了杠杆收购的市场领域。垃圾债券就是无担保债务，发行公司为吸引买家通常要支付很高的利息，而债券本息的兑付所依靠的正是发行公司的现金流，同时这些债券也为发行公司的吞并、收购举动筹措到了资金。随着垃圾债券的大行其道，任何有能力制造并出售这些垃圾纸张的人，都可以完成一次杠杆收购。

然而，正如垃圾债券持有者现如今正在慢慢发觉的，所谓的高利率回报往往会被垃圾债券的高风险所抵消。垃圾债券的风险就存在于"无担保"一词。一旦公司的现金流不足以偿还其债务，这些垃圾纸张将失去所有的依靠，同样受到威胁的还有高级担保债券持有人，垃圾债券违约也有可能会牵连到他们。

米尔肯对于垃圾债券风险的了解不输给任何人，这可以从他为保证债券售出而采取的行动中看出。他和他的同事都强烈推荐那些新垃圾债券的发行方，去购买他的公司包销的其他债券。为确保万无一失，他还为那些同意代为出售垃圾债券的经纪人提供种种权证，允许他们在未来某个时间点将债券转换为股票。因为这些权证与债券毫无关联，同时它们又只会被交到出售垃圾债券的人手上，所以在我看来，这和行贿几乎没有差别。

尽管垃圾债券遭到了迈克尔·米尔肯和其他一些人的滥发滥用，但这并不意味着垃圾债券本身就是一种坏东西。与之类似的还有杠杆收购、期权激励，或是其他的一些金融创新产品，近些年这些金融工具都遭到了不同程度的滥用。金融工具本身是中性的，它的利弊取决于运用工具的方式及其目的。

THE MIND
OF
WALL STREET

第 9 章

相对有效的市场

老之将至，我终于有时间静下心来阅读《战争与和平》这部 19 世纪的名著。据说，托尔斯泰 (Tolstoy) 为完成这部杰作对战争做了细致入微的研究。他亲自查看了当年的战场，并找那些参加了拿破仑战争的士兵聊天。从与士兵的谈话中托尔斯泰了解到，制定战争策略的将军们从来都不曾真正清楚战场上的状况（无论战前计划和侦察如何周密，你都无法掌握对方所有情报的细节）。但是战争之后，他们会聚到一起重建当时的战争场景，其间可能还要粉饰或避谈一些令其难堪的细节。这些回忆重述就构成了此次战争史记的官方版本。一切都很顺利美好，除了一个小小的不足——官方的记录可能远远地偏离了真相，并且这种偏离会误导那些正为未来战争做准备的将军。这也是资本市场正在发生的事情。

思考一下长期资本管理公司 (Long-Term Capital Management) 是如何轰然倒下的吧。任何对金融投资有些微兴趣的人都会记得这家对冲基金巨头在 1998

年的突然转向和巨震崩盘。我们在 1997 年解散了奥德赛合伙人公司，因此我很享受地成为了该事件的旁观者而非参与者。就像托尔斯泰所观察到的那些将军们一样，这次失败的金融活动的主要人物从一次大危机中幸存了下来，但他们却没有承认导致他们失败的关键教训：他们制定战略所依据的基本假设与实际情况根本就不相一致。在这两种情况中，意料之外的人性因素都起到了至关重要的作用，并让他们的缜密计划失效。

和当年的泰坦尼克号一样，人们认为长期资本管理公司会是一艘永不会沉没的巨轮。这家公司的员工都是证券交易的精英，他们在市场上的种种操作，都有诺贝尔经济学奖得主的专业理论来为其保驾护航。长期资本管理公司由此也吸引到了大量的支持者，包括华尔街上最精明的投资老手。就在长期资本管理公司坍塌前的一年，迈伦·斯科尔斯 (Myron Scholes) 和罗伯特·默顿 (Robert Merton) 两人因其在金融衍生品（正是长期资本管理公司所投资的金融工具）定价公式上的前沿性研究而共同摘得诺贝尔经济学奖。试问在期权市场的投资机遇选择上，还有谁会比他们两人更加擅长？这家对冲基金公司的几位精英投资人之所以能够走在一起，是因为他们都拥有超高的自信，并且对于市场的高效和理性都有着坚定的信仰。

最开始时，长期资本管理公司的几位行家里手仿佛真的破解了市场运转的规律，并且一路高歌猛进，投资收益之巨令人瞠目结舌。1994 年投入的 1 美元资金，在两年之后就变成了 2.4 美元。几大银行都争相投资这家公司，但是约翰·梅里韦瑟 (John Meriwether) 和他的几位合伙人表现得非常谨慎，他们非常自律地拒绝了几十亿美元的投资。他们只想要在一次交易中用尽可能少的资本来投资，因为他们相信投资资本越少，资本回报率就会越高。

第 9 章

相对有效的市场

公司的几位合伙人的确做出了许多正确的选择，也正因此，他们的投资故事才蒙上了悲剧的色彩。长期资本管理公司限制了外来资本的进入，但是几位负责人却把自己一直以来积累的财富全部用到了投资上。这种甘冒个人风险的投资方式与华尔街上的大多数投资者形成了鲜明的对比。让长期资本管理公司走向毁灭的不是贪婪或者腐败，而是傲慢，这种傲慢使得管理者对于风险信号视而不见。他们精致复杂的投资策略撬动了价值数千亿美元的金融工具，却只不过是基于对市场行为的错误假设。

长期资本管理公司的投资策略就是找到各种定价不合理的期权产品。企业、银行以及其他大型金融机构为规避市场风险，都参与到了期权交易中。经过多年的发展，华尔街已经推出了各种各样的期权产品，包括看涨期权、看空期权和利率掉期，这些期权允许想要规避风险的投资者在货币、债券以及股票市场上，套现他们的潜在收益或者减少他们的潜在损失。像 IBM 这样的大公司，可能会在国际货币市场上通过出售价格剧烈波动的日元、欧元或英镑头寸来规避或对冲风险，同时这也给了他人获利的机会。市场的无形之手会对这些金融衍生品（之所以称为"金融衍生品"，是因为它们都衍生自其他的金融工具）的价格加以调节，因为参与交易的各方会根据衍生品所蕴含的风险和回报比例，确定出他们所愿意接受的买卖价格。

然而，随着各类金融产品的激增，偶然的价格差异出现在了本质相同的期权产品身上。在这种情况下，一位精明的投资者会出售价值被高估的证券或期权，同时再购入价值被低估的同类产品，然后静等时间和市场的运作来消除这种定价上的低效。这种投资策略被称为"套利"，其中所涉及的交易也被视为无风险交易。此外，套利交易本身有助于消除市场的低效（出售价值被高估的期权有助于压低价格，而购入价值被低估的期权创造了上行压力）。投资者常常会将套利交易视作冲击和消除不合理价格差异的管控机制，并对其加以辩护。一个有趣的现象是，任何一种意在谋利的市场策略，不管它是多么明显地受到了贪婪的驱动，总是会被那些攫取利润的人认定为是有利社会之举。

其中的缺陷在于，套利者意图寻找的价格差异常常非常微小：在长期资本管理公司的某次交易中，一种稍稍好卖的债券的溢价仅仅比它的同类债券高出 0.3 个百分点，或者说大约是债券价格的 1/300。为了能够在这笔交易中实现真正意义上的盈利，套利者将不得不购入大量的债券，但即便如此，套利者也只有在大量举债的情况下，才能让这笔交易变得有利可图。举例来讲：如果你 90% 的投入资金来自借款，那么你就能够购买到九倍于原数量的债券，并实现大约 2.7% 的投资回报率；同样的道理，如果你所需资金的百分之九十九来自借款，那么你的投资回报率就是 27%。

长期资本管理公司在这一方面甚至要做得更好。作为风险管理的大师，该公司的投资精英们开发出了复杂精妙的方法来平衡和抵消风险，他们甚至能够筹借到投资所需的全部资金。当一笔交易需要抵押品时，它会被调用出来，而一旦抵押品被释放，它又会立即被调用到其他交易中。在他们将这一手法运用到登峰造极时，该对冲基金有 47.2 亿美元资本作为价值 1250 亿美元的债券的抵押。除此之外，长期资本管理公司还控制了价值 1.25 万亿美元的金融衍生品投资组合。中国的杂技团经常会有这样的表演：一个结实男人紧张地骑着一辆自行车，在他的肩上站着好几位杂技演员，他们艰难地保持着平衡。长期资本管理公司无疑就在进行着这种危险的平衡表演。

长期资本管理公司成功说服了银行及其合作伙伴为其已经高得惊人的杠杆

率进行融资，并让他们确认每次交易的风险都有抵押品作为担保，或者在某种程度上已经被其他对冲交易所抵消。只要市场波动保持在一定范围里，长期资本管理公司 60 万种不同头寸所组建起的金融城堡，就能一直为该基金的投资者带来高额回报。此外，如果长期资本管理公司当时能够满足于较小的回报率，1998 年 8 月的崩盘也就永远不会发生了。但是梅里韦瑟、斯科尔斯和默顿对于他们自己的投资公式和风险评估系统太过自负，他们怡然自得地将这种精致复杂的投资方式发挥到了极致，对于市场风险毫无畏惧之心。长期资本管理公司缔造了交易量高达 1.25 万亿美元的神奇投资帝国，该基金的这种大肆扩张也让他们的投资理念不断经受严峻考验。

这家对冲基金公司的无所畏惧就表现在它超高的杠杆率上，杠杆的放大效应让本是无风险的投资策略，变成了对于市场本性的高风险赌博。市场现实与长期资本管理公司用于制定投资决策的抽象模型之间毕竟存在着差异，而这些微妙的差异在被放大一千倍后，也就变成了洪水猛兽。在长期资本管理公司扭曲而又高度杠杆化的世界里，一只壁虎都能因为资金的充裕而膨胀为暴龙，没有什么比这更危险的了。

长期资本管理公司的投资理念所依据的就是有效市场理论。有效市场理论假定在任何给定的时间点，证券价格都能够充分地反映投资者可以获得的信息。一旦价格转向失衡，市场的自然力量就会很快填补过来，令其恢复平衡。这种对于有效市场的信仰，让长期资本管理公司的战略决策者进一步接受了如下假设：第一，他们将能够很轻松地售出他们的证券（市场所谓的流动性）；第二，不同的市场不会出现联动的情况，除非两者的某些特定证券之间存在着实质联系。然而在广阔的货币期货市场中，这些决策者自己的行为会对市场造成一定的影响，但他们却并没有对此给予足够的重视。

这一点上的疏忽后来被证明至关重要。不仅长期资本管理公司有着价值巨大的证券投资组合，其他华尔街公司也都参与了金融衍生品的套利交易，其中就包括一些明显是在模仿长期资本管理公司交易方式的对冲基金。长期资本管理公司和这些亦步亦趋的对冲基金往往会控制很大比例的某种债券或金融衍生工具。

但从更为广泛的意义上来讲，长期资本管理公司并没能意识到或者说不愿考虑大众心理对于市场的作用。因为这一因素既飘忽不定，又会威胁到他们自己对于市场本质的全部理解。最后，可能也是最为重要的一点，长期资本管理公司忽视了一个最为基本的真理：你并不知道你都不知道些什么。

在 1998 年的春夏两季，金融市场开始崩溃，长期资本管理公司的错误观念和认知盲点也浮出了水面。尽管当时奥德赛已经解散，但我仍旧在帮忙看管一些非营利性的捐赠基金，包括普林斯顿高等研究院 (Institute for Advanced Study)、古根海姆基金会 (Guggenheim Foundation)、巴德学院 (Bard College) 和罗马美国研究院 (American Academy in Rome)。当时我对于市场的混乱非常担忧，为谨慎起见，我决定出售这些基金所持有的垃圾债券投资组合。

我的操作依据是，随着恐慌心理在信贷市场上的蔓延，所有证券、股票的价格都会大打折扣。投资者会涌向政府债券市场这一最后堡垒，所有带有风险的金融票据都将被他们不加选择地遗弃。更为严重的是，一旦恐慌开始占据上风，许许多多的大型投资者就会争相逃离，为一个很小的出口挤得头破血流。因此，我告诉我们的基金经理们，要尽可能迅速地出售手中的债券，同时将收回的资金投入到美国政府的各类债券中。

第 9 章

相对有效的市场

金融衍生品的市场价格不断受到恐慌情绪的扭曲，长期资本管理公司的将军们突然发现自己已经陷入了战争迷雾。而且，这一次又是俄罗斯人击溃了这家金融巨头，和拿破仑的军队在近两个世纪前的遭遇如出一辙（讽刺的是，当时处于最虚弱状态的俄罗斯经济对于世界金融体系的威胁，竟然超过了全盛时期热衷于全球霸权的苏联）。在这两次事件中，心理的作用都是至关重要的。拿破仑的妄念在于过度相信军事战略的作用，而低估了士气军心的重要性；他的将军们没有意识到，为保家卫国而作殊死搏斗的俄罗斯人民，要比来自巴黎渴望回到香榭丽舍大道的法国士兵拥有更强的战斗意志。长期资本管理公司的错误在于，坐视市场走向疯狂，却无法正确认识到自身的行动在何种程度上造就了这次疯狂。

此次危机最早开始于 8 月 19 日，当时俄罗斯政府决定延长其债务偿还期，并且将当地银行外币合同的支付期延后了一个月。理论上讲，长期资本管理公司并不会受到这些事件的影响，因为它在俄罗斯的风险敞口并不大，而且不管怎么说，它的整个投资组合都是具有平衡性和对冲性的。此外，经济发展停滞多年的俄罗斯不过是世界金融舞台一个无足轻重的玩家。

在俄罗斯政府做出上述决定后，市场的雪崩效应开始显现。当时三家欧洲银行感受到了前所未有的压力，它们利用破产法的规定，暂停了对一家大型对冲基金公司的偿付，该公司的名字就叫作"高风险机遇"，真可谓契合当时的背景。正如尼古拉斯·邓巴 (Nicholas Dunbar) 在他的《创造金钱》(*Inventing Money*) 一书中所讲到的，三家欧洲银行的行为导致该对冲基金被迫破产清算，这反过来又加重了市场的波动性。大部分参与套利交易的对冲基金都在采用长期资本管理公司的计算模型来管理风险，这意味着随着市场波动性的增长超出它们的预期范围，大批公司都将不得不寻找更多的资本或是削减它们的投资组合。因为寻找额外资本的最简单方式就是平仓最有销路的头寸，所以市场波动性的增加掀起了证券抛售的连锁反应，各大基金公司都开始在业已饱和的市场中倾销相同的金融衍生品。

因为有大批的对冲基金试图逃离市场，抛售压力使得全球范围里的金融衍生品价格开始失控。价格的不稳定又再次助推了市场的波动性，迫使更多的基金公司突破其风险容纳极限并开始抛售证券，而这进一步加剧了市场的疯狂。

尽管长期资本管理公司的管理人员拒绝承认这一点，但是市场的确正在揪住他们视为珍宝的理论假设，并让他们难堪。其中的一个假设是，某只特定证券的价格独立于与它不相干的证券的价格。在一个多样化的投资组合里，一个烂掉的苹果不会毁掉其他的苹果。但是所谓的多样化不过是一种幻觉。在1998年的夏天，除了市场上的盲目跟风者因素，即便是在长期资本管理公司内部，其投资组合的不同部分也存在着千丝万缕的联系。由于资金状况出现问题，长期资本管理公司不得不清算掉它多样化的头寸，以保持债务偿还能力。这些被清算的头寸在很多方面也许都是不相干的，但是它们与长期资本管理公司以及其他跟风基金的财务稳定却存在着普遍的联系。

长期资本管理公司的杂技表演正在转向失控，因为疯狂的骑自行车人正在诱使那几位杂技演员跌落在他的头上。仅仅是在8月份，该基金公司就损失了大约45%的资本，这样的事件在公司风险分析师的预测中，在整个西方文明史上都不应该出现。究竟是长期资本管理公司太不走运，还是它的管理者根本就不懂得风险的本质？相信要得出正确的结论并不太困难。

大约也是在这个时候，我和我的妻子谢尔比在纽约参加了为两位欧洲朋友

第 9 章

相对有效的市场

举办的周年纪念晚宴。一同出席晚宴的还有桑福德·威尔 (Sanford Weill)，当时他还是旅行者集团 (Travelers) 的首席执行官。威尔表现得非常心烦意乱，当然这是有原因的。信贷市场上的异动曾让我帮助两家捐赠基金抛空他们所持有的垃圾债券，现在这种异动也让威尔损失了一大笔金钱。庞大的旅行者集团有许多家子公司，其中就包括所罗门兄弟公司 (Salomon Brothers)。所罗门兄弟公司是一家投资银行，该公司与长期资本管理公司有着诸多相似之处，并且当时也进行了大量的套利操作。在之前一年亏损了 2 亿美元后，威尔就已经决定关闭或者出售这家子公司。但是旅行者集团却搞砸了这次出售计划，一时间市场上谣言四起，该公司也因此蒙受了 1 亿美元的损失。最初，长期资本管理公司将自身的问题归咎于投资者对于所罗门兄弟公司出事后的反应上。到了周日的晚上，所有人都想要知道美联储是否会组织针对长期资本管理公司的紧急救援，以及这家濒临崩溃的对冲基金巨头是否会导致世界金融体系的坍塌。

这次晚宴有着某种似曾相识的感觉。1987 年 10 月 16 日，一个星期五的晚上，我和谢尔比同另外一些人共进晚餐，其中就包括纽约证交所的主席罗伯特·伯恩鲍姆 (Robert Birnbaum) 和哥伦比亚大学教授西德尼·罗宾斯 (Sidney Robbins)。这个星期五是历史上非常重要的一天，因为股市在这一天有了昏厥的前兆，所有人都在讨论接下来的周一会发生些什么。当人们问起我的观点时，我向他们讲述了我最喜欢的一部戏剧，让·季洛杜 (Jean Giraudoux) 的《猛虎临门》(*Tiger At The Gates*)。这部戏剧的故事就是几位主人公讨论特洛伊战争是否能够被避免。尤里西斯 (Ulysses) 认为战争无法避免，但是赫克托耳 (Hector) 警告说战争的后果非常可怕，身为将军者应该尽其所能避免战争。就当战争似乎已经可以被避免时，舞台上传来了一则消息，一名希腊士兵死亡了。同胞血仇不可不报，这部戏剧在其结尾处宣布，"特洛伊战争开始了"。《猛虎临门》所想要表达的含义对于我而言就是，有些事情是不可避免。就在接下来的星期一，也就是10月19日，股市崩盘了。

1998年9月出现了和1987年的10月相同的状况，市场的血液——流动性在证券交易所消失了。但是投资者的心理也仍旧是至关重要的影响因素。因为阿根廷并不会破产（至少当时并没有破产），投资者本应该抓住价格暴跌的机会迅速获利。但是正如1987年时一样，市场上根本找不到买家。其中的原因在某种程度上讲也非常现实——长期资本管理公司站在破产的边缘摇摇欲坠，没有人知道该公司巨量的证券组合被强制清算后，会为市场带来什么样的后续影响。交易员停止了对该公司的投资，其他人也都在持币观望，世界上最具流动性的证券市场因此而进入了严冬。

当市场存在着很大的不确定性时，人们持币观望是很自然的事情，但是这种情绪反应的大量出现会对市场带来不可估量的影响。在正常情况下，交易之所以能够顺利地进行，其中的部分原因在于交易的双方相信对方会兑付属于他的那一部分交易内容。但是当市场急速下跌时，交易的一方无法确定处于另一方的公司是否有足够的偿付能力。这种疑虑一旦萌芽就会迅速蔓延，并最终使市场陷入瘫痪。这种对于金融体系健康程度的焦虑会使得那些持有资金的人踯躅不前。买家变得不愿意进入市场，借贷者撤回了他们的资金。

美国联邦储备委员会非常担忧全球金融系统完全变成一片冻土，他们深知必须做一些事情来恢复市场的信心，于是委员会出面组织了一个由银行和投资公司组成的财团来接管长期资本管理公司。此举意味着脆弱的全球市场将不必承担起长期资本管理公司被强制清算后的严重后果，这大大缓解了人们心中的

第9章
相对有效的市场

忧虑。紧接着，美联储在一个月内两次降低利率——这一举动所传达出来的信号是，美国已经准备好释放低息货币来医治此次事件中金融市场所遭受的创伤。在这次事件中，单单是长期资本管理一家公司的亏损额就达到了46亿美元，而世界市场则损失了数万亿美元的资金。美联储的紧急援助也许阻止了全球金融体系的彻底崩塌，但是仍然有一些其他国家的市场至今都没能够从1998年夏天的可怕事件中恢复。

我们能够从这一连串的事件中得到什么样的教训？

首先，同时也是最重要的，一家对冲基金中永远不要有一位以上的诺贝尔经济学奖得主来担任合伙人。长期资本管理公司有两个。在过去的几年里，如果我们公司有一位诺贝尔奖得主担任有限责任合伙人，并且我们也听从了他的投资建议，那么我敢说我们可能也会损失上一大笔钱。

发生在长期资本管理公司的事件同样表明，市场并不足够有效，它无法为长期资本管理公司所设计出来的模型提供充分的支持。这一点以及近年来高科技概念股的波动都表明了，所谓的有效市场理论不过是一种谬称。相对于"有效市场"，我们的市场也许更应该被称为"相对有效的市场"——大部分时候，市场都能够将大量的信息整合到现实价格之中，但是在一些不可预知的时刻，它也会成为投资者情绪躁变的牺牲品。好比有一家节目固定的剧团，这个剧团平时都是演出莎士比亚的戏剧，但是某一天的晚上它为观众演出了《日本天皇》中的一幕戏。

当长期资本管理公司陷入困境的时候，市场的格局也开始了它的转变。伴随着危机的蔓延，原本理性、有效的金融系统黯然退场，一个喜怒无常、疾风骤雨般的资本市场来到了聚光灯下。长期资本管理公司就像是一艘原本顺风顺水的巨轮，逐渐驶入了波涛汹涌的海域，最后才发现自己已经被一场台风所吞噬。市场体系不再受到其固有的经济学规律的引导，而是被情绪和心理的因素所支配。如果整个国家都可以陷入癫狂——想想 20 世纪 30 年代的德国——我们有什么理由假定进入市场的投资者会始终保持理性呢？

　　虽然当时的情况尚不明朗，但是长期资本管理公司的溃败的确预示了市场情绪的深度剧变。在 1998 年 8 月前的 7 年间，美国国债与企业和新兴市场发行的高风险债券之间的利差稳步缩小。信贷市场上的人们放言经济形势一片大好，普通谨慎（即对高风险投资或地区所带来的高利率的谨慎）完全可以置之脑后。收窄的利差意味着低息贷款能够被全球各地的新兴企业所获得。企业可以通过发行所谓的垃圾债券来为并购或扩张融资。此外，一个非理性繁荣的股市也为那些备受青睐的公司提供了另外一个扩张筹资的渠道——发行更多自家的股票。

　　股市的疯狂情绪曾被 1997 年的亚洲金融危机短暂削弱。当时泰国出现债务违约，并由此引发了一连串的连锁反应，整个亚洲都出现了恐慌性抛售。紧接着，俄罗斯政府宣布延长债务偿还期，这一举动彻底改变了一切，信贷市场恢复了它的紧缩趋势。正如一位操盘手所说的，"过去七年积累的财富，在一个月里被消磨殆尽"。

　　就在俄罗斯金融危机发生前，一些像中国这样的新兴市场其债券利率只比（美国的）短期国库券高 3%，并且这个新兴的大国还有许多经济上的不稳定因素，3% 的利差的确是太小了。在俄罗斯金融危机的影响下，这一利率差首先是扩大到了 15%，接着又回落并固定为 8%，考虑到中国的经济前景并不明朗，这一利差才是更接近实际的估量。的确，现在的中国看起来更好了，投资者也许可以到那里去寻找机会。

有趣的是，自 1998 年 8 月以来这种利率差就没有再明显缩小过。此外，垃圾债券市场基本都已经停止了运作。就在我写这本书的时候，垃圾债券市场的规模尚不及俄罗斯金融危机前的一点零头。如今如果我想要通过杠杆收购的方式取得一家公司的经营权，我要么自己拿出更多的资金，要么就是将该公司更多的所有权让予贪婪的投资银行（考虑到如今的股价，我是不会再想进行任何杠杆收购了，进行这种投资有它特定的时机）。在信贷市场，借贷者更是握紧了手中的金钱，他们对借贷的对象更加审慎，也不愿意把钱贷给那些麻烦缠身的公司。

银行家之间的这种情绪转变也同样发生在了投资者的身上。债务违约率的攀升让投资者焦头烂额，他们中的许多人都已经撤回了在垃圾债券市场上的投资。投资银行并不关心自己在销售什么，但是他们的确想要投资者成为回头客。垃圾债券的买家通常都是追求高收益的共同基金，而如果投资者从这些基金中撤资，那么无论卖家多么积极奔走，多么懂得循循善诱，也都将无济于事。

在如今的信贷市场，人们对未来的想象已经从甜蜜的微笑转变成了紧皱眉头的恐惧。这种恐惧对股票以及垃圾债券市场都造成了深刻的影响。2000 年到 2002 年，是股市自 1960 年以来表现最为糟糕的一段时期。然而，大多数市场观察人士（他们没能成功预测市场的跌落）非但没有认识到摆在消费者和投资者面前的陷阱，还开始预测所谓的市场底部。他们认定衰退只是暂时的，市场很快便会重整旗鼓，并攀至新的高位。毫无疑问，等待着这些分析师的将会是深深的失望。

过去 10 年的市场繁荣建立在信贷之上。自 20 世纪 50 年代以来，美国经济的债务量增加了一倍。现在银行业对于贷款非常慎重，那些过去几年间成立的公司在向市场或投资者寻求新一轮融资时，会发现自己已经很难再觅得资金了。信贷市场的情绪将会使数以千计的新兴企业承受极大的压力。一家能够在高利率时代存活下来的新兴企业——如果某个人期待着50%的回报率，那么1%的利率增长对他来说又算得了什么——不见得能够度过信贷紧缩的时代。

因此，长期资本管理公司的溃败也许有着更为深远的意义。所有人都认为，俄罗斯的金融危机和长期资本管理公司的失败不过是暂时的偶然问题，并且这些问题已经被轻而易举地解决。当股市反弹并在接下来的几个月创出新高后，这一观点更是成为了大众的普遍认知。但实际上，金融系统的核心早已染上重病，这些事件只不过是这种疾病的表征，随着20世纪90年代进入尾声，整个资本市场都将会在这种疾病中垂危。

THE MIND
OF
WALL STREET

第 10 章

虚假利润，别让财报骗了你

一些人对市场已经有足够的了解，当泡沫出现时，他也能够意识到市场已经过热了。美国市场在 20 世纪 90 年代末出现的投资狂热，其规模几乎可以与历史上的任何一次大泡沫相提并论，比如 17 世纪 30 年代的荷兰郁金香热，1719 年英格兰的南海投机狂潮，1845 年的铁路投资热潮，以及 20 世纪 80 年代在日本出现的房地产泡沫。但是此次互联网泡沫是最值得铭记的，因为它发生在市场资金流动性最好、结构最发达且产品也最多样化的历史时期。尽管主流媒体一再用最通俗易懂的语言，不断警告投资者他们对股票的估值已经极端不合理，但是此次泡沫却丝毫不受影响，并且还越变越大。

　　随着泡沫的破灭，投资者开始从他们沉迷的美梦中惊醒。他们悔恨地发现自己早已被股市的蒸蒸日上蒙蔽双眼，他们轻信了不切实际的企业神话，将彻头彻尾的谎言奉为真理，最终在痴心妄想中不断沉沦。等到尘埃散尽，一个愈发明显的趋势浮出了水面。股价不断下跌，原本支撑起股价的种种财报数据也开始变得难看。《华尔街日报》的一篇分析文章指出，截至 2001 年 8 月，纳斯达克上市公司的亏损额已经基本抵消了它们前五年的利润积累。洪尼格公司的首席经济学家罗伯特·巴伯拉 (Robert Barbera) 告诉《华尔街日报》，"如今看来，上世纪 90 年代末的经济发展其实从未发生"。

不仅是利润不见了，利润率也消失了。而离开了利润率的支撑，高耸的市盈率不过是无源之水、无本之木。我的哥哥杰伊和我的侄子大卫在利维预报中心所做的一项分析表明，尽管人们断言企业利润率在 20 世纪 90 年代增长了 20%，但实际上它一点也没有增长。

20 世纪 90 年代，生产率的提高被媒体大肆吹嘘，这也使得原本就巨大的泡沫进一步膨胀。整个 80 年代和 90 年代初，生产率的增长都极为缓慢，每年大约只会增长 1 个百分点。然而，到了 90 年代末期，生产率的增长逐步达到了 2.5%，这让技术支持者松了一口气。生产率的增长成为了所谓的新经济的理论依据，甚至还让艾伦·格林斯潘（时任美联储主席——译者注）这样的坚定分子成为了新经济的信徒。格林斯潘对于 20 世纪 90 年代的金融闹剧负有一定的责任。尽管他对市场的"非理性繁荣"做出了警告，但他并没有提高保证金限度，他还为《格拉斯 - 斯蒂格尔法案》的废除摇旗呐喊。

牛市自身的繁荣也催生了生产率提高的幻觉。麦肯锡公司 (McKinsey and Company) 的威廉·刘易斯 (William Lewis) 指出，在统计生产率时，人们误把消费热潮当作了效率的提升。当贪得无厌的消费者更愿意购买高价商品时，那些商品销售商看起来似乎是更有效率了，因为在收入增长的同时他们又没有付出额外的劳动力。

会计的造假手段可以说是无穷无尽的。所谓的市盈率数据（对于那些盈利

第 10 章
虚假利润，别让财报骗了你

的公司来说）后来也被发现不过是在弄虚作假。企业有很多种方式都可以把利润数据做得非常漂亮：可以将日常支出修改为特殊项目支出，如安然和思科所做的那样；可以将尚未实现的盈利和收入计入账簿，如冠群电脑（Computer Associates）和卡尔派恩公司（Calpine）所做的那样；可以将投资所带来的资本收益计入盈利，如微软和通用电气所做的那样；可以回购股票，如 IBM 所做的那样；也还可以将奖励给员工的期权漏去不计，微软、美国在线（American On Line）、思科，以及许许多多的其他公司都在这样做。这样的例子真是不胜枚举。

就连新经济的基础理论也只不过是人们一厢情愿的猜测。有一篇文章认为，互联网的普及允许企业时时刻刻监视着销售和供应链，这样企业库存就可以始终保持适量，而经济的周期性衰退也会因此而消失。然而就在 2001 年的第一季度，互联网的领军企业思科系统（该公司的市值曾经达到过 5900 亿美元，一度成为全球市值最高的公司）出现了 22.5 亿美元的税前库存费。这在新经济的支持者看来是不应该发生的，特别是对于一家为互联网和电信革命供应核心解决方案的公司来说。如果像思科这样的公司都能够出现库存问题（可能是因为管理者只想着努力完成指标并获得奖金，而忽视了市场的现实状况），那么旧经济的供需失衡问题也许并不像人们想象的那样已经得到妥善解决。

截至 2002 年夏天，不仅有数万亿美元的财富从股市中蒸发（单单是纳斯达克市场的总市值就缩水了 4 万亿），就连最初为股市增长提供基础支撑的那些数据也无影无踪了。财富来得快，去得也快，那些一夜暴富的人甚至没有来得及享受就已经倾家荡产了。拿其中的一个例子来讲，环球网（Theglobe.com）的股票曾在一天之内从首发价的 9 美元飙升至 97 美元，但在一年之内又跌到了不足 1 美元。20 世纪 90 年代末期就像是一场恍恍惚惚的美梦。

除了的的确确发生了的泡沫，它所带来的后遗症也让人们痛苦万分。在新经济类股票的价格暴跌后过了许久，各大公司仍旧在大规模减记它们的资产——捷迪讯公司 (JDS Uniphase) 是 400 亿美元，美国在线时代华纳 (AOL Time Warner) 则是 540 亿美元——以使得它们的资产负债表适应因投资失败而消失的财富。此外，在失去股市非理性繁荣这一凭仗后，投资者开始研究起美国企业的虚假财报来。因为财报造假的现象太过普遍，只要一家企业稍有盈利造假的嫌疑，投资者就会无情地抛弃它的股票。

20 世纪 90 年代投资者的集体疯狂为心理在市场中的作用提供了最有说服力的证据。毕竟，在这一段时期，即便是最老谋深算的投资者都欣然地将他们的疑虑置之一旁，甚至是对摆在眼前的事实和数据视而不见，这才是最让人吃惊的。

这一切有助于我们回顾 20 世纪 80 年代发生的事情，并客观地看待泡沫。1987 年的那次大崩盘摧毁了一大批投资者和企业，但是股市很快就从 10 月 19 日 22% 的暴跌中恢复过来，等到年尾时候股市甚至是有所上涨的。美联储采取措施增加银行的流动性，并恢复了因暴跌而几乎彻底垮台的市场信心。但是这次及时的干预也留下了隐患，投资者开始相信股市并没有此次事件所表现出来的那样凶险。这次暴跌也被解释为一次意料之外的偶然事件，其原因是电脑在售出股票时采用了一种叫作投资组合保险的风险平衡策略。随着电脑程序抛售股票，股价不断下跌，这造成了更少的买家出来接手被抛售的股票，也使股价下跌的压力进一步增大。暴跌之后迅速出手的投资者在接下来的一两年中大赚了一笔，这在一定程度上使得"逢低买入"成为了 90 年代的股市口号。

在过去的 10 年间，无论何时股市下挫，都会有一些股场老手出现在电视上，并耐心地向焦急的观众解释说，长远来看股票的表现要胜过其他类型的投资。接着股市也会非常配合地飙升至新的高度，沾沾自喜的新股民看到这种情况就不假思索地皈依了"逢低买入"教。这一新信仰的教条便是，美联储和财政部已经从大萧条中得到了经验教训，他们现在有了防止恐慌发展为全面的大萧条的调节工具。因此，甚至是在互联网出现之前，投资者就已经开始相信，股票并没有其价格在长期波动过程中所表现出来的那样风险重重。

公众开始认定艾伦·格林斯潘的决策是绝对可靠的，并且股票市场是他们收获财富的最便捷路径，这让企业和投资银行窃喜不已。突然之间，一大批的投资者开始愿意承担股票的内在风险，他们购买了共同基金，并且接受公司以股票的方式支付养老金，将自己的命运与公司的命运牢牢地结合在了一起。大多数股票的增值都远远地甩开了其他保守类型的投资，在这种情况下，谁又能够提出异议？企业利用民众对股票的盲目轻信，采取各种各样的方式将股票转赠给它们的雇员。

然后便是互联网开始兴起的 20 世纪 90 年代中期，风险的概念在这个时候似乎是被丢弃在了历史的垃圾堆里。互联网那些风靡一时的"新范式"承诺，包括让所有人都拥有进入国际市场的勇气，赋予消费者更大的权力，从飞机票到各类百货商品都让他们"自己定价"，从供应商谈判到降低销售成本，让企业运转效率获得质的飞跃。

和股票内含风险的观念一样，评估公司价值的传统方法也被抛之脑后了。一本名为《道指 36000 点》(Dow 36,000) 的投资书声称，即便道琼斯工业平均指数已经突破了 10,000 点，但其实股市仍旧是被大大低估了的，因为股价受到了过多的风险因素的影响，人们无视了低通胀、高盈利增长的大环境。该书的作者詹姆斯·格拉斯曼 (James Glassman) 和凯文·哈塞特 (Kevin Hassett) 认为，股票的风险并不比企业债券的风险大，等到投资者认识到这一点时，他们将会接受股息回报的减少，并将股价继续抬高。对于这两位作者来说，即便是在 90 年代末期处于历史最高值的市盈率，仍旧是低得不切实际。

有一段时期，统计数据似乎是支持这样的论调的。在 20 世纪 90 年代末期，生产率得到了大幅度地提升，这一事实看上去就是因为对于计算机和其他信息技术的长期投资终于得到了回报。人们认为互联网公司不应该受到普通会计标准的约束。对于互联网公司来说，报告盈利是一件羞耻而非值得骄傲的事情，因为盈利表明高管们没有把精力完全放在公司的扩张上。经营互联网公司的诀窍就是吸引尽可能多的用户，哪怕每一笔交易都是在赔钱也在所不惜。

有这样一个老笑话，说是有一个批发商，他为了能够占领市场，一套成本 100 美元的西装只卖 90 美元。他的朋友问他，"这样一来你又怎么挣钱呢？""很简单。"批发商回答说，"我依靠销量来弥补损失！"这看起来正是亚马逊网站的做法，管理人员还把这个笑话变成了自己的荣誉勋章。更让人奇怪的是，华尔街居然认可了他们的这一做法。亚马逊公司声称，一旦他们获得优势地位，成为网上买家购物的首选网站后，他们就可以轻松地提高商品价格，并迅速获得利润。但到目前为止，这一计划还没有取得成功。

并不是只有年轻一代人相信互联网能够改变世界。花旗公司 (Citicorp) 声名显赫的前董事长李世同 (Walter Wriston) 就是新经济的信徒。我并不相信新经济，这可能是我从来没有用过计算机的缘故。我和李世同曾经在《福布斯》(*Forbes*) 杂志上辩论过这一问题。后来，我在《纽约书评》(*The New York Review of Books*) 接受杰夫·麦德瑞克 (Jeff Madrick) 的采访时，又再次阐述并扩充了我的观点。在李世同看来，互联网对于一家企业来说是一种神奇之物，因为它允许戴尔 (Dell) 这样灵活的电脑零售商迅速做出反应，甚至能让供应商来为戴尔的全部业务提供资金。我回应说，互联网不过是一种新式商店，并且和其他所有新的销售方式一样，其他商户也会进入这一领域，并最终导致该行业利润率的整体下降。我以 20 世纪 30 年代兴起的超市为例证：在把街角的杂货店淘汰出局后，唯一能威胁到超市利润率的就是折扣店，但是最终超市的经营者却发现，随着竞争者不断涌入这一行业，他们已经越来越难以保持盈利。

我告诉李世同，这一原理同样适用于亚马逊网站。我还提请他注意，你很难想象亚马逊到底需要销售多少本书，才能让自己与自身的市值相匹配（亚马逊网站的市值曾经达到 420 亿美元）。李世同回应说，书籍只不过是他们的第一种线上商品。我对此回答说："等他们有了其他的商品，其他与亚马逊类似的公司也就出现了。"

风险从来都不会从市场或某个行业中消失，它只会被转嫁或是销售给其他人。等到尘埃落定的那一刻，亚马逊无非也只是一家普通的邮购商店。

市场的狂热并不仅仅是表现在互联网的概念上。投资者需要对"新时代"抱有坚定的信仰，才会把资金投到互联网企业身上。然而，甚至有很多的非互联网公司都开始背弃"盈利"这一概念的内涵，将其视为一种古板、拘泥的陈腐观念。传统公司有太多的手腕可以将亏损篡改为盈利，有太多的诡计可以让投资者不明就里、神魂颠倒。我们现在已经知道，安然以及大量的其他企业曾经在华尔街最优秀、最明察秋毫的研究机构的默许下，将数十亿美元的债务从它们的财报中抹去。

安然成立了一系列的合伙人公司以控制其投资组合所蕴含的风险，而这也是安然误导投资者的一个策略。其中的问题是，只有安然的股价保持在高位，这些所谓的猛禽合伙人公司 (Raptor partnerships) 才能控制住风险，因为公司的股票才是安然最主要的资产。然而，随着安然股价在 2001 年不断下跌，猛禽合伙人公司承担了巨大的损失，安然也开始了一系列绝望且（被证明是）非法的尝试，以阻止这些损失最终流转回自身，并引发股价的进一步下跌。在事态发展的过程中，华尔街的分析师团体显然被安然高管的乐观预期蒙蔽了双眼。事实的确是如此，根据《纽约时报》的一篇报道，在一位股票分析师拜访安然期间，安然的高管们非常热衷于装点门面，以取悦华尔街。他们把其他部门的员工调来交易室，以营造出交易繁忙的假象。

这种无耻的欺诈并不是什么新鲜的东西。在 1963 年，媒体曾曝光过"色拉油丑闻"。当时有一个叫安东尼·德·安奇烈斯 (Anthony De Angelis) 的人，他用自己所拥有的罐装色拉油做抵押向银行申请了数百万美元贷款，最终人们惊奇地发现，这些罐子里装的不过都是水。这一诈骗案的受害者就包括华尔街公司伊拉·豪普特 (Ira Haupt and Company) 和美国运通 (American Express)。伊拉·豪普特公司因为这一事件而破产，美国运通则遭受了 6000 万美元的损失，其股价也被拦腰斩断。

我自己有一个想法：流氓通常来讲要比普通人更加有魅力。毕竟，他们必须能够以最有吸引力的方式，卖出自己最不堪入目的商品。几年前，我的合伙人杰克·纳什向我引见了一位年轻人，他的名字叫作安德鲁·法斯托 (Andrew Fastow)，是安然公司的首席财务官。我已经有很长时间没有见过比他更能言善辩、伶牙俐齿的人了。他向我简要描述了安然创立的合伙人企业，按照我的理解，这种企业就是通过投资安然正常业务之外的项目，来让安然的经营更加平稳。他极力向我推荐这种合伙人企业，并告诉我它会为我带来极其丰厚的回报。法斯托的言论打动了我，他是一个讨人喜欢的家伙，我也把钱投进了安然的合伙人企业。和许多的其他人一样，我被愚弄了。这种合伙人企业和我想象的根本就不是一回事。我本以为它是合法的，我也本以为自己足够聪明，能够分辨出心怀鬼胎的投资建议。但是这一次，我的确是看错了。

安然的破产表明，即使是备受关注的大型公司也会操纵自己的财务数据，欺瞒大众，直至走向毁灭的边缘。安然的诡计被戳穿，仅仅是因为为其提供资金的几家大银行断掉了安然的资金来源。当然，还有许多公司都曾借用各种机会夸大它们的效益，抹去账簿上的债务，相信这些公司的财务真相也会很快就浮出水面。我的朋友安德鲁·史密瑟斯 (Andrew Smithers) 是《标准晚报》(*Evening Standard*) 的专栏作家，他有一种粗略估计这种财务造假问题严重程度的简单方法。他将金融领域债务规模的飙升，视为企业隐藏债务的指示器，在过去 5 年间，企业债务占私人债务的规模从 32% 增加到了 36%。

如果时间能够永远停留在 2000 年 3 月，那么专家们将会有充足的资料来证明一个新的黄金时代的确已经到来。各家公司还会继续向人们描绘成长、盈利、生产率和利润的美好前景；股市的运行轨迹看起来当然是在冲向道指 36,000 点。牛市整整持续了 18 年的时间，消费者不计后果地购买商品，好像明天就是世界末日一样。

但是，当时的市场其实已经病入膏肓，并且整个金融系统都受到了感染。它就像是某种流行病一样，只有当成千上万的人都病倒时，人们才会注意到问题的严重性。面对垃圾债券的发行，投资者避之唯恐不及，各大银行也开始更加严格地审查企业的盈利前景，再不会像以前一样随意地为它们提供资金。

到这个时候，市场的情绪已经发生了转变，投资者开始带着有偏见的眼光来打量网络公司。他们不再纠缠于网站访问量（"眼球"）和收入增长的辩论，转而开始研究这些公司是否有足够的现金来支付其债务。尽管如此，若非高科技股市场的供需状态发生了急剧性变化（就在需求即将枯竭的时刻，大量的网络股涌入了股市），新经济的坚定信徒可能还会延后最终审判的日子。

这次是泡沫狂热的反转。最初，高科技股之所以能够达到极不合理的高价，原因就在于股票的供应受到了人为的限制。当一家公司上市时，其首次公开发行的股票只占其额定股数的很小一部分，大部分股份都留给了私人投资者、管理人员以及享有股票期权计划的员工。通常情况下，内部人士所配发的股份都是受锁定协议约束的，也就是说这些股份有 6 个月左右的禁售期。这种暂时性的股票稀缺，造就了某些公司在市场上众相追捧的假象。

为了便于理解，我们可以虚构出（但同样也是典型的）一家处在相同情境下的网络公司。比方说，在 1999 年，我和一些互联网经济的狂热分子决定成立一家网络公司，以出售我们独创的可以在暗夜中发光的郁金香球茎。我们为自己的公司取名为"暗夜球茎"（*Dimbulb.com, 英文有傻瓜之意——译者注*），这个名字既有些讽刺的意味，又相当地前卫犀利（如此一来，投资者就不会想到公司的创始人其实是个 70 岁的老头）。我们以 10 美元每股的价格公开发行了 1000 万股的股票。我们明智地选择了摩根士丹利作为公司股票的承销银行，并且在股票上市前，摩根的互联网分析师玛丽·米克尔 (Mary Meeker) 提供了一份报告，报告称我们的这种磷光植物具有浓烈的雅皮、嬉皮风，拥有高达 10 亿美元的潜在市场。此外，因为我们有计划研发发光草坪、篱笆以及宠物，所以到了 2002 年，我们公司股票的每股收益可以达到 6 美元。一夜之间，摩根士丹利就被淹没在了无数的股票申购单里。2000 年 3 月，在股市最繁荣的时刻，我们的股票上市了，股价在首个交易日便飙升到了 100 美元。

这次公开上市为公司募集了 10 亿美元的资金，对于一家尚未卖出一个生物科技郁金香球茎的新公司来说，这是非常成功的一步。但这只不过是我们为获取更大一笔财富的掩饰之举。我们向公众出售了 1000 万股的股票，但是我们仍旧以各种锁定股的形式持有了公司 9000 万股的股票。我们公司的市值就像变戏法一样达到了 100 亿美元，相当于一家销售额达到 75 亿美元，拥有 7500 名雇员的传统零售商的市值。只要我们能够让分析师和公众继续保持这种对植物发光技术的疯狂，我们就能够在任何时候进入市场进行存量发行，并套取现金。正因此，我们持续不断地发布新闻稿，描述我们与其他网络公司的易货贸易合同。而这些公司也都股价奇高，非常急于证明自己有着良好的盈利能力。

可惜！公司上市仅仅 6 个月，麻烦就开始接踵而至。首先，微软宣布他们将进入发光植物领域，并强调会在接下来发布的新一代操作系统 Windows XP 的所有副本中植入一个图标，这个图标会直接链接到他们的发光植物产品目录。公开场合下，我们表示很高兴看到微软对于我们产品的市场前景的认可。私下里，我们公司有一半的高管却在联系位于华盛顿州雷德蒙德市 (Redmond) 的微软总部，谋求工作机会。之后，一位昆虫学家发表的一项研究报告声称，我们的郁金香球茎将会导致萤火虫的灭绝。因为萤火虫会试图与发光植物交配，而不再寻求配偶。我们立即对该项研究的科学性表示质疑，但与此同时公司的领导层也开始打着投资组合多样化的幌子闷声出售他们的股份。

我的营销总监比任何人都更加清楚，发光植物的盈利前景极其微小，她自己正在加速售空手中上百万的股份。公司的首席财务官和首席运营官也都在做着同样的事情，就连我自己也坐不住了，因为我知道另外还有 3000 万股股票即将进入市场，更何况其后还有 4000 万股代替薪水发放给员工的期权在一旁虎视眈眈。

不幸的是，就在我们想要回到股市融得更多的资金时，公司的股票也遭遇了更强大的抛售压力。不止如此，因为公司的股价现在跌到了 4 美元，所以执行存量发行已经成为了不可能的事情。一年前曾为我们慷慨解囊的基金公司现在已经不愿意再吐出哪怕是一分钱的资金，即便我们的破产会让它们血本无归。事实上，我们的一些出资机构正在将我们推向破产，因为我们首次公开募股所募集的资金还剩下几百万美元，它们都想要拿走这笔钱。种种因素作用之下，"暗夜球茎"公司在摇曳中熄灭了最后一丝光亮，只留下了心怀愤恨的员工和投资者。不过，对于萤火虫来说这也许是一件好事。

不管投资者听了多少有关风险控制的信誓旦旦之言，他们都应该在心中铭记，一只股票的唯一真实价值是公司在清算并偿清了有抵押债务以及其他优先债券债务后所剩余的资产。这是我在 20 世纪 40 年代所学到的道理，也是投资者在最近几年里所必须学会的一个道理。

公司只能够将营业收益等于实质收益的假象维持很短的一段时间。有些公司上演了《道林·格雷的画像》(*The Picture of Dorian Gray*) 中的故事，新闻稿上的盈利永远光鲜如故，但是潜藏在公众视野之下的真实肖像却早已被赘肉、石瘿、脓包所扭曲和诅咒。一家公司会运用会计手腕在它的新闻稿中强调其现金流量的健康性，描绘出公司未来的光明前景，同时又忽视或遮蔽任何可能会让公司蒙上阴影的附加说明。2001 年 10 月，世界上最大的软件公司之一，冠群电脑报告其第二财季的"预估"收入为 3.59 亿美元，较之前年增加了 57%，这当然表明公司的成长非常健康。但这一光鲜的数字其实是新业务模式的结果，它将软件收益延伸到了整个合同期中。与此同时，这家公司采用更为普遍的会计方法，向证券交易委员会报告了当季 2.91 亿美元的亏损。哪一个数字更能够反映冠群电脑的未来前景？相信投资者心中已经有了那个令人痛心的答案。

不管一家公司的实力有多么强大，这种数据上的不一致最终都会被强行填平。就像安然事件向我们所揭示的那样，做假账的后续影响不会是什么让人愉快的事情。事实上，直至 2001 年 11 月，安然股价崩盘、迅速跌入破产边缘的时刻，该公司都仍旧在努力实现它的备考盈利预期。正如《纽约时报》的弗洛伊德·诺里斯所说的，"这家公司成功地在没有季度亏损记录的情况下，破产了"。20 世纪 90 年代期间，会计造假所带来的最荒谬图景就是，一家公司在刚刚达成其营业收益目标，并向管理层发放奖金后，便宣告破产了。

这些奖金解释了为什么管理层要犯下欺诈罪行。然而他们之所以能够逃脱处罚，仅仅是因为普通投资者相信自己也在变得富有。

股市泡沫的又一个讽刺之处出现在了风险矩阵 (Risk Metrics) 公司近期的一项研究中。该公司研究了华尔街几家大公司自 1998 年 9 月以来所发布的股票分析报告，共计 8.9 万份。这项研究显示，如果投资者能够忽视股票分析师的建议，并购买那些不受分析师青睐的股票，那么他们将会在股市中获得更大的收益。被评级为"持有"（这不过是华尔街的礼貌用语，它的实际含义是"立即抛售"，或者更准确地说是"我们上周已将其出售"）的股票，跑赢了那些"强力推荐买入"的股票。换句话说，投资者在股市中的最佳策略就是，反向操作薪金优厚的股票专家们所推荐的股票。

除了常见的利益冲突问题，以及导致分析师将高价股票推向巅峰的从众心理以外，对分析师的推荐亦步亦趋的投资者在股市的惨淡表现还有一个技术上的原因。不管分析师是在何时推荐一只股票，你都可以肯定他所属公司的销售人员已经在利用这一建议来推高股价。所以，在你之前其实已经有很多人购买了这只股票，并推高了它的股价。反之，等到要抛售股票的时候，你的前面仍旧会有一大堆的人，他们会不断压低股价。一位分析师越是有影响力，股价下跌的可能性就会越大。原因很简单，在股市这个反常的世界里，如果有足够多的人疯狂地相信一家公司，通常来说他们就是错误的。

诱使分析师做出过度乐观预测的关键因素，恰恰就是分析师所隶属的金融机构的规模。如果你是高盛、摩根士丹利、瑞士信贷第一波士顿这类巨头公司的首席股票策略师，而你又对股市的前景做出了公开的悲观预测，那你的工作很可能也就保不住了。这些大型机构需要公众相信股市会不断上升，因为各大公司上市后的股票承销是他们利润最丰厚的零售业务。正因此，这些金融巨头的策略师们总是会预测股价将继续上涨，不管他们私下里的观点是怎样的。

2001 年初，《华尔街日报》采访了华尔街 9 家最大的金融公司的首席策略师，询问他们关于股市在未来一年中的走势的看法。当时的标准普尔 500 指数大约在 1350 点，较之前一年的历史最高点 1527 点有所下降。史蒂夫·加尔布雷斯 (Steve Galbraith) 的预测最为悲观，他认为标普 500 指数到年底的时候会在 1225 点到 1375 点之间（很好地掩饰了他的真实想法），而其他人的预测大都在 1715 点附近。

如果你在 2001 年 1 月对这些预测数据进行平均计算，你会发现华尔街的集体智慧的预估结果是，标普指数在未来的一年里会从 1350 点上升至 1515 点，也就是说如果你投资股市的话，你的回报率在 12% 左右，可谓相当丰厚。事与愿违的是，标普指数在 2001 年 12 月 31 日跌到了 1148 点，足足下滑了 13%。2002 年，在连续两年预测错误后，策略师们仍旧认为这一年里，标普指数会大涨 12%，达到 1290 点左右。然而到 7 月底的时候，标普指数已经跌到了 850 点，这意味着股指必须在接下来的五个月里暴涨 50%，才能赶上华尔街的策略师们在 1 月份所做的预测。不管市场的最终走向会如何，策略师们都会预测上涨，这是我们可以预期的。总有一天他们会猜对的。

我们在评估风险时，既会理性地思考历史数据，又会让自己的情绪来左右结果。2001 年的"9·11"事件前，很多美国人都知道美国本土发生恐怖袭击的可能性很大，但是因为一直都没有大规模外部袭击的成功先例，所以恐怖袭击的风险因素也从来没有进入过人们日常生活所思所想的范围中。即便是那些将恰当地评估风险视为家常便饭的保险公司，也只对恐怖袭击收取了很低的保费（沃伦·巴菲特也承认，这一疏忽让伯克希尔·哈撒韦公司承担了被保公司 22 亿美元左右的损失）。

恐怖袭击发生后，人们的风险意识空前强烈，但其实后续发生恐怖袭击的可能性已经变得微乎其微了。是的，恐怖分子现在可能更加希望再次发动恐怖袭击，但是恐怖袭击之所以能够成功，是因为袭击发生前美国的警惕性不足。不管我们在主观情绪上如何评估现状，由于嫌疑犯的被捕，以及政府和公众警觉性的提高，恐怖袭击成功的可能性其实已经大大降低了。

投资者在进行投资时，也会出现与此相类似的情况，尤其是在牛市的最后阶段，人们的风险意识会与实际存在的风险规模截然相对。20 世纪 90 年代牛市到达最高峰的时候，哈佛大学的几位经济学研究人员找来了一组投资者，并让他们预测未来 5 年股市的平均年收益。研究人员将他们的答案进行了平均计算，得到的数字将近18%，几乎是历史趋势的3倍。30岁以下的投资者还要更加乐观些，他们认为未来5年的年收益可以达到25%。甚至那些要更为冷静的55岁以上的投资者，也被眼前的乐观现状蒙蔽了双眼，他们预测年收益能够达到11%。要知道，这些都发生在一次前所未有的牛市顶峰期里，即使你对股市的历史趋势只有非常浅薄的了解，你也该知道在经历了如此之久的非常规发展后，股价的上升已经难以为继了。

随着股市投资热潮的慢慢冷却，一个新的问题也日益浮现：如果20世纪90年代的泡沫从来没有发生过，那么股市在今天会是什么样子？1990年10月，纳斯达克指数触底323点。如果纳斯达克指数在此后的增长率与过去一个世纪的平均增长率相当，也就是每年增长6%，那么在2002年8月，纳斯达克指数将会是650点，而非1315点。即便是将新经济所带来的生产率增长的因素考虑进去，并且慷慨地认定它能够让股指的年增长率达到12%，那么到了2002年8月，你仍旧会有60点的增长无法解释。

我的女婿拉克舒曼·阿楚森(Lakshman Achuthan)是纽约经济周期研究所(Economic Cycle Research Institute)的常务董事，这家理论研究中心所关注的焦点就是影响经济发展的长期因素。拉克舒曼的团队所分析的是股价向收益的资本化值回归的方式。收益的资本化简单来讲就是将一家公司的最新收益按照市场的最新利率折现。分析师们为标准普尔500指数下的公司做了收益资本化的运算，他们的图表清楚地表明，股市泡沫开始于1997年，并且在2002年夏天，市场仍旧是过热的。拉克舒曼对其他的大经济体做了相同的分析，他发现美国股市在90年代末期的疯狂与日本股市在80年代末期的表现非常相似。这是不祥之兆，因为日本股市的股价在回归收益的资本化值后，至今仍未恢复到它们先前的高价。

这种种分析就像时代广场上的广告牌一样指向了相同的信息：即使 20 世纪 90 年代的股市泡沫从未出现，股价仍旧是被显著高估了的。换句话说，这意味着股市泡沫在某种程度上仍旧存在。

泡沫还能持续多久？在过去的一个世纪里曾出现过 30 次牛市，但其中只有 7 次牛市超过了 1000 天。1984 年后的 3 次牛市都超过了 1000 天，并且当时唯一的一次熊市（此次熊市之前）也是所有熊市中持续时间最短的。从概率上来讲，股市将会遭遇一次迁延而漫长的不良成长，其间可能会伴有急剧但短暂的反弹。

等到本书出版的时候，市场将会衰退至何处的问题可能仍旧不会明朗，但是倘若股市的年增长率回调至过去一个世纪里大部分时期的 6% 的增长，那么股价完全有可能会继续下跌，直至 20 世纪 90 年代末期的增长被清除，甚至还要抹去更多。这将会让股市回到 1995 年的水平。尽管这样的衰退对于那些在股市高峰期入场的投资者以及采用了杠杆融资的投资者而言将会是一场彻头彻尾的灾难，但是整体来看，此次下跌更接近于 20 世纪 70 年代的那次衰退而非大萧条。因此，对于投资者来说这其中还蕴含着某种机遇，这种机遇就是统计学上所谓的"均值回归"。股市往往会在两个方向上用力过猛。就像我们会看到股价远高于公司价值一样，相反的状况也将出现。到了那时股价会被低估，而对于投资者来说，这就是进入股市的大好时机。

THE MIND
OF
WALL STREET

第 11 章

股票为什么会下跌

我很好奇，当人们购买或出售一只股票时，他们的内心究竟在想些什么。在股市泡沫最为膨胀的时期，道琼斯指数一年飙升了20%，纳斯达克指数更是一飞冲天。我猜测那时入场的大多数买家都生怕错过这趟高速前进的资本列车，他们会想，"我最好在股市进一步上涨前就入市！"这一心理及其配套的神话——"互联网改变世界"、"逢低买入"——贯穿在整个亚洲金融风暴、俄罗斯金融危机以及互联网泡沫最初出现的几年里。

试想一名投资者在1999年6月以40美元的价格购买了英特尔(Intel)公司的股票（这一股价已经为之后英特尔股票的分割做了调整）。股价稍稍有些下跌，所以他以30多美元的价格买入了更多的英特尔股票，接着股价开始上扬，在2000年初他又购入了一些。2000年的6月英特尔股价攀升到了76美元的历史最高值，然后开始回落。

到了这时，这位投资者已经不愿意出售他的股票了。在他的心中，76美元的高价已经成为了新的参考标准。几个月过去了，股价也急速下挫至 50 美元、40 美元，然后是 30 多美元。这时他仍然不抛售股票。相反，他将下跌归咎于"毫无依据的下挫"（这是投资者在自己持有的股票下跌时，通常都会寻找的借口）。他的股票经纪对此也会予以鼓励，"谁能想到你居然还有机会以 30 多美元的价格买到英特尔的股票？"

任何对股价赋予实际意义的做法都是徒劳无功的，但是仍旧有大量的人在这样做。人们甚至对相同的股价也会抱有不同的看法，这取决于一只股票的历史。如果你曾经以每股 1 美元的价格购买了一只股票，并在今天以每股 100 美元的价格售出，那么你一定欣喜万分——除非这只股票曾在 6 个月前达到过 300 美元的高价，倘若真是如此，今天 100 美元的售价对于你来说就是一场深重的灾难。

那些研究市场心理学的学者会告诉你，当股价站在 300 美元的高点时，你会在你的心中为这只股票设定新的心理价位。同样地，当你因为股票经纪的一番说辞，而认定英特尔股票 30 美元的价格具有某种内在含义时，你就是在"锚定"，或者说你就是在给予该股价某种特殊的意义，并且这种意义与股票的价值毫无关联。

如果你不情愿出售你的股票，那么你就是典型的美国投资者——只卖盈利的股票，而不卖亏损的股票。投资者之所以会出现这样的行为，是因为出售亏损的股票意味着承认自己的错误。我的做法与此相反。我不喜欢日复一日地盯着亏损的股票，而如果我将它们出售掉，我还能够得到抵消资本收益的税损（当然，股市也可能会再次告诉我，我做出了错误的决策）。有人会出售盈利的股票，因为他们被告知，他们应该"平衡"自己的投资组合。但他们的问题并不应该是平衡投资组合，而是应该在每时每刻平衡每笔投资的风险收益比。一只股票的即时价格并不能决定它自身的未来。

出售盈利的股票而保留亏损的股票从多个方面来讲都是十分糟糕的投资策略，但是每一条规则都有一定的适用范围。在股市攀至顶峰的 2000 年 3 月，"卖盈保亏"可能就是最好的投资方式，因为当时盈利的股票都是高科技股，而亏损的则是价值型股票。如果你当时这样做了，你既能够抓住非理性繁荣所带来的盈利，又能够保住股价被压制的价值型股票，而这些价值型股票在后续的几个月里将会获得更好的表现。

理查德·泽克豪泽 (Richard Zeckhauser) 是哈佛大学研究行为经济学的先驱，他指出人们对亏损的厌恶会驱使人们扭曲自己对事物发生概率的认知。如果一只股票下跌了，那么这只股票价格反弹的概率只有四分之一，但是大多数的人还是会坚信该股票将回涨至他们最初购买这只股票时的价格。即便我所假想的那家互联网生物科技公司"暗夜球茎"能够坚持到做出产品来，它在接下来的几年里可能也无法满足人们的期望。在经历了一年的惨淡经营后，公司业绩转优的可能性只会有 25%，但是持有公司股票的大部分投资者都会认为这种可能性要更高些，接近 50% 甚至是更高。

还有许多其他的怪异因素会影响投资者的判断。简单的惯性就足以让投资者对十分明晰的买入或卖出信号视而不见。投资者所持有的股票投资组合可能会有很大的下行风险，但是投资者往往会低估这种风险。报纸上有关一家公司经营不善的报道，更可能劝阻一位投资者购入该公司的股票，而非让持有该公司股票的投资者抛售手中的股票。这被心理学家称为"现状偏差"(status quo bias)，并且心理学家已经在实验中证实了该心理现象的存在。实验中，心理学家给予一组被试者一件物品，并要求他们为该物品设定售价。而他们所指定的售价，要比他们当初愿意为该物品支付的价格高出许多。

关于"长期持有"的投资策略已经被人们讲了很多次，但事实上，这种策略也有它的适用范围。是否持有一只股票的判断取决于投资者未来某一天愿意将其卖出的价位。没有比这更重要的了。即便考虑到了税费，它也不应该成为压倒一切的因素。

现在，我们回过头再来讨论一下那位最初以 40 美元的股价购买英特尔股票的投资者。当英特尔的股票跌至 22 美元时会发些什么事？如今，不仅先前的收益化为泡影，投资者还损失了超过半数的投资本金。他记起当股价处于 76 美元的高点时，他选择了继续持有。上次 40 美元的股价已经是一年多以前的事情了，现在股市上所有的股票都在暴跌。虽然如今终于有机会能够以 1998 年时的价格购买更多的股票，但是他还是担忧股价可能很快就会跌至 1995 年的水平。最终，他将股票抛售了。

我发现自己就有这样的心境。我总是会为自己持有的股票而担忧，并且，我已经从这些惨痛的经历中吸取了经验教训。当我决定抛售一只股票时，我不会只卖很小的一部分，而是出售其中的三分之一或是一半。要出售曾经抱以极大信心购买的股票，你需要有巨大的心理能量，既然你已经决定改变心意，那你就必须做出一次有意义的改变。你将能够省下你的资金，而如果你发现自己做错了，你也可以随时再将股票买回来。

当这位英特尔的投资者通过抛售股票而将自己从进一步亏损的焦虑中解放出来后，他的心态也再一次地出现了变化。现在，他又一次站在了场外，观察并思考着自己是否会错过市场复苏的时刻。问题是，哪个市场？

一般而言，投资者都希望能够重回股市，但是在过去的几年里，普通投资

第 11 章

股票为什么会下跌

者遭遇了数额巨大的损失。20 世纪 30 年代那次大萧条，让当时损失惨重的投资者都变得对股市心灰意冷了。

尽管近期股市下跌，但是市场中仍旧存在大量的轻松、乐观情绪。与之相对的是世界经济的不乐观状况——所有的主要经济体都受到了削弱，20 世纪 90 年代的消费热潮留给人们的只有累累的负债和各种待填补的亏空。公众投资者正在将他们的关注焦点从收益转向风险，这是我们所能观察到的最为深刻的情绪转变。即便如今的这些数据与以前的一些数据相吻合，但人们看待这些数据的方式已经不同了，这种变化会让那些基于过往模型而做出的市场预测流于无效。

我猜想这就是游戏规则发生转变的时刻。"9·11"事件当然让人们恍然醒悟，但是在恐怖袭击发生之前，改变就已经在悄然进行了。就像 20 世纪 70 年代末是大企业集团拆分，释放价值的时期，我相信在未来很长的一段时间里，债券都会比股票更受人们的青睐。如果我们只是观察市场的转折点（基于这样的观念：如果事态保持稳定，所有东西都会折价出售），那么我们就能知道，游戏规则的转变正是一次良好的投资机遇。

我们可能都明白个人投资者已经深陷泡沫，但是那些职业经理人呢？事实证明，那些职业经理人的身上有着个人投资者的所有缺陷。20 世纪 90 年代的金融风暴不仅吞噬了个人投资者，也掀翻了那些管理共同基金的经理们。职业经理人被企业新闻稿中公布的数据所蒙骗——这些数据通常都是被夸大了的，某些情况下甚至根本就是彻头彻尾的谎言。

过分相信他人言论的现象并不鲜见——而且，我指的是那些相当聪明的家伙。我曾经和一位对冲基金经理一起参与投资，相较于他而言，很多人看起来都像是投资天才。我认识他已经有很多年，并且对他的判断有着十足的信心，但是他却损失了自己所管理资金的 97%。当我回顾往事时，我很难想象他是如何为自己的投资决策辩解的。2002 年 4 月，他仍在为一家名为忠诚电信 (Allegiance Telecom) 的公司捶胸顿足，这家公司的股价仅仅是在一年之内，就从 110 美元的高价跌到了 2.65 美元。这位基金经理对于该电信公司的发展前景却依旧热情未减。"他们的商业模式就要翩翩起舞、大杀四方了。"他向他的投资者们写道。而显然，这是死亡之舞。4 个月过后，该公司的股价又下跌了 65%，降至 92 美分。和许多的投资者一样，这位经理仍旧不肯放手。他感到一些属于他自己的东西被盗窃了。

　　与个人投资者不同的是，基金经理会受到其他人的监视，并且他的业绩会被拿来与相同投资领域的其他经理，以及市场的整体表现作比较，人们也会基于这种比较对其能力做出评价。基金经理所关注的也都是短期收益，因为他的能力是以季度业绩（如果不是依照月度业绩，甚至是每日业绩）为标准来进行评判的。一方面，如果他能够在股价达至最高峰时卖出股票，并且此后股市一泻千里，那么他就能够暂时地成为人们心中的英雄。另一方面，如果在他抛售股票后，股价继续上涨，那他可能就会丢掉工作。从心理学的角度来看，基金经理所能采取的最简单策略就是坚守既有的投资组合。在他的脑海里，最有可能出现的剧情就是自己是对的，并且自己所选择的股票将会上涨。然而事与愿违，2000 至 2002 年间，股市却是在持续下跌。

　　收益公告和通知令这个问题更趋恶化。一般而言，分析师应该仔细研读这些数据，他们会去采访企业高管、顾客以及竞争对手，并参观工厂，他们也要遍览学术和商业杂志，以搜寻某一行业发展趋势的线索。然后他们才做出购买评估（之前都是如此，现在他们似乎只有"强力推荐买入"一个建议）。但是

第11章

股票为什么会下跌

为什么每股的收益总是会超出预期一两美分呢？

答案就是分析师允许由企业制定的"收益预期"来影响他们自己的判断，并且他们也不会把目光放得太长远。所以下面的事情就经常会发生（这个例子来自哈佛大学的理查德·泽克豪泽）：分析师可能会研究大量的数据，但是塑造他们想法的最重要因素来自企业的高管。分析师打电话给企业的首席执行官，并说道，"我们觉得下一季度每股的收益会是 27 美分"。这位执行官回答说："我觉得这有点高了。"然后执行官令人信服地解释了其中的原因（解释是具有合理性的，但是在所有业务中，这种合理性都是不完全的），最终分析师将收益设定在了 25 美分。每个人都很开心，分析师得到了一个数字和一个好故事，首席执行官得到了一个他知道他能够超越的目标。

当我在观察 20 世纪 90 年代投资者的疯狂之举时，我不断记起父亲所做的研究。没有盈利，一家公司将无法建设新工厂，无法持续雇佣员工，过不了多久，不管他人如何辩解，这家公司都会像伦敦桥一样倒下。泡沫膨胀是因为人们认为国家经济可以在没有利润的情况下持续繁荣。但这是不可能的。

2001 年夏季和秋季，能源巨头安然公司的轰然倒下，以一种引人注目的方式将这一问题带到了公众投资者面前。7 月 23 日，仅仅是在安然首席执行官杰弗里·斯基林 (Jeffrey Skilling) 向证券分析师们描绘了公司的宏伟前景 3 个月后，安然就突破阈限，开始让它的合伙人公司分担其开支费用，而这些费用通常来说是要记录在安然的账簿上的。

安然此时已经在劫难逃。两周后，在任安然首席执行官仅 6 个月的斯基林宣布辞职。斯基林与猛禽合伙人公司有着千丝万缕的联系。即便是安然倒闭后，斯基林在国会上作证时，他还言之凿凿地表示，他的辞职与安然当时迫在眉睫

183

的资金窘境毫无关联。

斯基林否认他知悉自己领导下的公司所面临的重重困境，也许是因为他知道这同一批国会议员在推动立法，间接帮助安然及其会计公司安达信 (Arthur Andersen) 误导甚至是欺诈公众上所起的重要作用。其中的一项关键立法是 1995 年纽特·金里奇 (Newt Gingrich) 起草的《美利坚契约》(*Contract with America*) 的一部分。该项立法的本意是为了限制"轻佻诉讼"(frivolous lawsuit)，但事实上它却限制了会计公司和高管们的责任，这也为像杰弗里·斯基林这样的首席执行官们做出过分乐观的预期铺平了道路。因此，当斯基林的一位检察官，众议员比利·陶津 (Billy Tauzin) 奇怪为什么这样的案件会发生时，他只需要想一想他从会计行业收取的 28.9 万美元的政治献金（所有国会议员中金额最多的一个），以及在那些所谓的"共和党革命"的自我陶醉日子里，他是如何拥护冠冕堂皇的《私人证券诉讼改革法案》的，那么他就明白了。

如果这个故事中有需要吸取的经验教训，那就是繁荣时代会孕育出恶的数字。经济繁荣滋生信心，信心滋生傲慢，傲慢使得业绩预测过度乐观，因为高管们都开始沉浸在自己臆造的美好中了。而萧条时代滋生谨慎之心，谨慎要求更多的信息透明，直至经济重新变得繁荣，随之而来的还有会计上的松懈。它发生在 1929 年股市崩溃之后，当时美国政府打破了隐藏亏损的大型公用事业控股公司的托拉斯结构；它发生在许多"漂亮五十"(Nifty Fifty，指 20 世纪五六十年代在纽约证券交易所交易的 50 只备受追捧的大盘股——译者注) 公司失宠的 70 年代初；它发生在储贷危机 (Savings and Loan Crisis) 肆虐的 80 年代末；它也同样发生在当下。

THE MIND
OF
WALL STREET

———————

第 12 章

投注经济而非股票

当一个人进行投资的时候，直觉和分析是同等重要的，并且它们密不可分。直觉让我意识到20世纪70年代中期，股市大大低估了许多公司的资产价值，并且这些价值是可以被释放出来的。然而，仅仅依靠直觉是不够的，我还必须着手进行沉重的分析工作，以评估公司资产的潜在价值与其被低估的市场价值之间的差距。资产的价值会随时间的推移而发生变动。以位于纽约第五大道的豪华公寓楼为例，大楼的价值不在于它的建筑成本，而在于买家在任意给定时间愿意为其支付的价格。

你永远都无法分清一个想法迸发自何处，是来自一位古历史学家、一篇艺术评论、一位经济学者、一位记者还是一位政治家？最近我和妻子在意大利北部的科莫湖(Lake Como)度假，我们居住的那家酒店可以俯瞰到湖水。每天下午，我们都会从酒店漫步到城市广场，找不同的餐馆吃饭，然后再坐船前往其他城镇。我很享受这段时光。当我就要离开的时候，我开始想如果以后能够再多来几次，那该有多好。然后我就记起彼得·夏普出资购买卡莱尔酒店的事情，并且，夏普自己只投入了很少一部分资金。我觉得我也可以做同样的事情，而这正是所谓的顿悟的感觉。现在，我必须慎重谋划自己的方案了。首先，我去咨询了一位意大利律师。因为我喜欢有人同我一起合作，所以我又开始去接洽一家酒店管理公司。

多年来，我失败了太多次，也犯了太多的错误，当我的热情暴露在阳光之下的时候，很大一部分便立即云消雾散了。但是，回归科莫湖的渴望带给了我足够多的动力，使我踏上了此次收购交易的漫长路程。

近来我一直都在考虑投资印度、中国以及俄罗斯的前景。我不知道是因为自己读了托尔斯泰的书，还是受了印度裔美国女婿的影响，但是我就是有这样的考量。我预估美国当前的熊市将会深远而持久，但是我们最终还是会从中走出。然而，等到我们真正走出的时候，下一个牛市将会与以往有所不同。也许下一次大行情将会出现在这些新兴经济体中。这几个国家加起来有世界上三分之一的人口，并且都没有受到这次经济泡沫的影响。每个国家都有着巨大的潜力，但同时又都有着各自的不确定性因素，这一特点让大多数理性的投资者对它们望而却步。

首先是俄罗斯。俄罗斯政府能够保障财产权利并建立起法治秩序吗？俄罗斯的过往历史并不能够让人安心，这个国家有过主权债务违约的事情。近年来，尽管西方投资者在俄罗斯取得了一些成功，但是他们赚钱的合资企业常常还是会被政府通过法令或强力没收。俄罗斯会继续改革其税收制度吗？能够保证企业在做生意的同时不会受到腐败的税务机关的强取豪夺吗？俄罗斯政府已经正式通过了统一税制，而这是我所反对的税收制度。

即便所有的这些问题我们都能够得到一个极其肯定的答复，但仍旧还会有

第 12 章
投注经济而非股票

一个重要问题徘徊不去：何时？在 9·11 恐怖袭击发生之前，这个答案可能要比现在的还要更久远一些，因为追捕奥萨马·本·拉登 (Osama bin Laden) 的行动为俄罗斯提供了一个历史性机遇，使其能够同美国和欧洲消除彼此间的不信任，并建立起更为紧密的经济纽带。

如果俄罗斯政府在未来 5 年里能够继续坚持其富有意义的改革计划，世界资本将会回流至俄罗斯市场。俄罗斯国内现在流动性严重不足，所以即便是极其微薄的资金流入，也可能会为其换来不成比例的丰厚回报。本书的写作期间，俄罗斯股市上的股票大概都是两倍市盈率（不包括主要的石油公司），这样的股价表明了国际投资者对于俄罗斯的生疏。然而，如果俄罗斯的改革能够减少这种与其他市场的差距，那么完全可以预见其企业股票达到 5 倍的市盈率（与美国股市高耸的市盈率比起来，这仍旧不过是小巫见大巫）。随着改革进行，我们还可以预见到大批投资者将会涌入俄罗斯，也许俄罗斯的经济会就此增长起来，其企业利润也会逐步增加，并与市盈率的上升产生良好的化学反应。事实上，俄罗斯大型企业的股价已经开始攀升了。

哪一个市场更具前景？尽管美国有很大的可能性将会陷入持续的经济衰退，但是其股市的股票市盈率仍旧高得令人目眩。而即便俄罗斯经济的基本面已经有了很大的改善，但是其股市低迷得却像是濒临世界末日。时间将会告诉我们问题的答案。

我对于利率的预感的确已经得到了证实。利率水平是一个很好的指标，它代表了人们对于经济发展前景的共识：如果经济发展正在衰退，中央银行往往会降息以鼓励投资，同时这也减轻了债务人的债务负担；如果经济发展正处于膨胀期，那么银行机构的忧虑则会从衰退转向泡沫风险，这时它们往往会提高利率，以防止经济过热。从市场上各类期货贸易合约的表现来看，人们对于利率的变动方向早已达成共识。

我用我最喜欢的期货合约——欧洲美元期货——来说明我做出买卖决定时的思路。尽管欧洲美元期货是一种极为晦涩难解的投资工具，但是我所论述的道理是非常简单的。我在投资欧洲美元期货时，并不需要计算机或计算器，而只是应用一些我从父亲和兄长杰伊那里学来的经济学理论知识。

我第一次涉足欧洲美元期货市场还是在 1994 年。自 1960 年起，每当市场的共识与我对经济前景的预估相悖时，我就会以利率的变动方向为基础进行投资。而欧洲美元市场为我的此类投资提供了极大的方便。

欧洲美元不过就是一美元的纸币漂洋过海去到了欧洲，它可能是美国公司在进口商品时支付给欧洲的，可能是外国人购买来作为一种稳定的储蓄货币的，也可能是政府为提升货币发行准备金的价值而囤积起来的美元。如果你正在坐飞机从纽约飞往伦敦，并且你的口袋里有一美元的纸币，你就能够在抵达希思罗机场 (Heathrow) 后通过将这一美元存入当地的商业银行，来让它神奇地变为欧洲美元。

欧洲美元市场成形于 20 世纪 70 年代，当时美国国内通货膨胀现象严重，大量的美元都流到了海外。欧洲美元市场吸纳了这些无国籍美元，如此一来美元无须流回美国就可以轻松交易，并且也悄悄地肆虐成了世界货币。欧洲美元期货就是一份合同（或者说期权），它给予了投资者在未来特定时间里购买欧洲美元的权利。

当你购买一份期权合同时，你所能损失的最大金额也就是你购买期权的权利金，这一部分资金相较于标的物的价值可以说是微乎其微。举例来说，在利率 6% 的水平下，你购买一份名义价值 100 万美元、为期三个月的期权合同，其权利金仅仅只有 750 美元。期权的价格由市场决定，它会随着利率的波动而上升或下降。如果利率上升并保持在 6% 以上（在这个例子中），那么我的期权将会过期作废，我所损失的也就是 750 美元。但如果利率下降，欧洲美元的价格在未来就会上涨，我就能够从这次杠杆投资中获利。如果利率从 6% 下降到 5%，我的期权价格将上涨至 2500 美元左右，比我所花费资金的三倍还多。我的侄女朱莉 (Julie) 刚刚开始在期货市场上赚钱的时候，她感到非常困扰，因为她觉得自己在赚钱的同时，也让很多人成为了孤儿寡妇。我向她解释说，那些目光坚定的银行家完全有能力在这个市场中保护好自己。

对于那些大额投资者来说，他们在期权市场上所运用的杠杆规模还要更大一些。如果交易员知道一位投资者非常善于投资，他们就愿意让出更大的利润，在这种情况下我若是能够押对利率变动方向，我的投资回报率可能达到 16：1。即便我有可能会失去自己最初投入的资金，但是我估计自己投资成功的可能性有 80%，这样的风险收益比已经是相当可观了。

这种特性让期权成为了对抗经济衰退的廉价保险。当经济衰退时，我的其他类型的投资都会遭遇价值缩水。经济衰退的典型特征是建筑工程减少、资本需求量下降、借贷人借贷意愿不足，这些因素最终会驱使政府降低利率以刺激经济发展。当然，这其中也会有例外情况出现，并且也一直都存在着很多的不确定性因素，但利率下降的推测是合情合理的。欧洲美元合同还提供了额外的杠杆，因为当利率下降时，短期利率往往会比长期利率跌落更多。

期权合同还有一些其他的优点。合同的杠杆作用使得其自身具备了很高的波动性，合同的价格可能在一天之内就上涨或下跌 12%。如果市场中利率向下波动，那么在期权合同到期之前，其价格就能够上升到一个令人满意的高度，而我也由此可以将合同出售以换取丰厚回报。此外，欧洲美元巨大的市场规模也使其免于受到人为的操纵。通常情况下，一天之内会有 100 万份 3 月期欧洲美元合同进行交易，每份合同的名义价值也都是 100 万美元。欧洲美元市场还有一个好处，那就是所有交易都是用现金结算。而且，因为结算价格是由伦敦的 13 家主要银行的平均利率决定，投资者完全可以相信某一时间点的价格所反映的正是市场的共识。

就其本质而言，欧洲美元期权是利率期货市场上流动性最大的投资方式之一，其杠杆率极高，同时被操纵的可能性又极低。近年来，我已经开始远离股市，因为我觉得借由利率波动获取收益的可能性要高过被估值的过高股票。

理解影响利率的因素需要专业知识、丰富经验以及针对市场环境变化的随机应变能力，不过这其中的大部分信息都可以从公共领域或是研究贸易以及经济运行状态的机构中获得。

我的父亲在投资时，他所依据的理论就是他对资本支出、利润以及经济周期相互作用方式的研究。受父亲的影响，我也开始关注经济学理论和日常事件之间的联系。我从来都没有能够读完父亲的书，但是我的哥哥读完了。在父亲去世很久以后，我还是会去请教杰伊以及他的儿子大卫一些问题，他们将父亲的思想变成了预测经济增长的一整套工具。

2000 年，在综合了父亲的研究以及大量其他指标之后，我开始相信一次严重而持久的衰退即将来临（我哥哥的研究表明，甚至在此之前，麻烦就已经在酝酿之中了）。但这还不是市场的共识；在 2000 年和 2001 年，期货市场表现出了强劲的恢复势头。2000 年夏天，我开始察觉到这次不仅仅是经济会衰退。因为债务水平上升且信贷紧缩，企业和消费者陷入了相似的不利境地，它们的支出都在放缓甚至停滞，而这必然会波及仍旧膨胀的股票市场。

因此，市场的预期是美国经济在急剧下挫之后会有急剧的上升——也就是所谓的 V 形曲线。我并不认同这一观点，但是我不认同的原因也与未来发生恐怖袭击的可能性无关。2001 年 2 月，我预估利率将会在年底降至 3% 的低位（事实证明，我还是太保守了）。等到尘埃落定的那一刻，3% 的利率会让 750 美元的欧洲美元合同的价格变为 3575 美元。

我和几位同事谈到了我的欧洲美元投资计划，但是他们几乎没有人愿意跟进。一些人可能是因为他们根本不知道我在做些什么，其他人则和 40 年前麦克斯·奥本海默的反应如出一辙。40 年前，当我鼓动麦克斯扩大他的投资范围时，他明确地告诉我，问题不在于一种投资是保守的还是激进的，而是在于大多数投资者会如何看待它。

已经有迹象表明，敏锐的投资者正在重新将他们的目光投向俄罗斯。在 2001 年秋天，我参加了杰克·布里姆伯格（Jack Brimberg，已故投资家罗伯特·布里姆伯格的兄弟，读者更为熟知的还是他化名为斯卡斯代尔·范特写作的《金钱游戏》）在洛克菲勒中心俱乐部（Rockefeller Center Club）筹办的一次午餐会。十多家对冲基金和私人投资公司的代表参加了这次午餐会。两年前俄罗斯政府债务违约的事件仍然历历在目，我本来觉得不会有几个华尔街的玩家会出席这样一个会议。然而，时间就是市场的一切。

在压力重重的关键时刻，瞬间也许就会变成永恒。以往在市场崩溃的时候，美联储常常会为其官员准备印有明确指示和电话号码的小册子。根据不同的情况，美联储官员会打开指定的小册子寻找指示，例如，"依此号码打电话给日本银行的滕华（Tohura）先生，并告诉他……"这样做的依据是，在市场崩溃的时候，时间是非常珍贵的，官员们根本无暇四处搜寻某个人的名字、电话，又或是思考自己究竟该说些什么。

我见证了太多次市场崩坏的时刻，做过受害者，做过无辜的旁观者，也做过参与者。1992 年 9 月 16 日，在乔治·索罗斯狙击英镑的最高潮时期，他被英国媒体贬斥为"打垮英格兰银行的人"，但是我在当时觉得并且现在也仍旧觉得他应该被授予骑士勋章或者爵士头衔，因为他帮助了英国经济。这一重大事件的关键时刻仅仅持续了一天。

这次堪称史诗的金融事件，发生在欧元创建前的政治进程中。当时英国的定位是加入欧盟 (European Union)。这意味着英国必须保证其货币维持在《马斯特里赫特条约》(*Maastricht Treaty*) 规定的汇率浮动范围内。通常情况下，一个国家会通过提高利率来使自己的货币更加坚挺，因为高利率能够吸引到寻求高收益的流动资本。

然而，认为英国在 1992 年应该提高利率的想法是极为愚蠢的。当时英国经济十分疲软，英镑相较于其他市场的高汇率，使得英国的出口行业处于价格上的劣势。因此，英国企业受到了高利率 (高利率会影响资本支出) 的双重伤害，并且出口贸易也被大大缩减。然而，德国当时刚刚合并东德，德意志联邦银行决定提高利率以降低重建东德经济的开销。而英格兰银行也只能够无奈跟进。

英国政府是通过后视镜来看自己的问题的，乔治·索罗斯却带着超凡的远见和勇气来展望未来，他注意到英镑价格被高估，而英国财政部根本无法长期维持英镑的高价位。

一旦英镑价格下跌，出口商将会受益，因为他们的商品价格相较于其他货币市场将会降低；并且，借款人也将会受益，因为英格兰银行会变得无意人为

第 12 章
投注经济而非股票

地提高利率。索罗斯所做的一切仅仅不过是在顺水推舟罢了。我也搭上了这趟便车，小赚了一笔。

索罗斯对英镑发起了攻势。由欧洲银行组成的财团以英格兰银行的名义购入了 100 亿美元的英镑。索罗斯联系了这个财团，并表示他想要沽空这 100 亿美元的英镑——简单来说就是在当时的高汇率情况下借走这些英镑，并将其出售。如果英镑贬值，他就可以以更便宜的价格重新购回这些英镑，并赚取其中的差价。财团的银行家们知道索罗斯想要做些什么，并且他们也清楚自己能够在这笔交易中两头受益，所以就允许了索罗斯巨额的沽空行动。其他人也都在沽空英镑，英格兰银行感受到了前所未有的压力，它不得不动用其强势货币储备来购入英镑，以阻止英镑贬值。

英镑是注定了要下跌的。英国的强势货币储备如美元（最终，也是英镑的唯一后盾）正在直线下坠。到了最后，英国政府在这场战斗中投降了，英格兰银行停止加息并开始允许英镑自由浮动。经过一段时间后，经济的正常运转使英国从这次创伤中恢复了过来。如果英国政府当初肯为索罗斯签发一张支票的话，那么他们就能够为自己省下一大笔钱（索罗斯一人在 9 月 16 日赚了 10 亿美元）。更为理想的情况是，英国政府能够意识到对抗市场大趋势的愚蠢，让英镑自己去寻找合适的价位。可能也正是这种糟糕的思维方式，葬送了英国政府在北美的 13 块殖民地。

然而，英国政府并不愿意这样做，这也为投资者制造了机会。在 1997 年的亚洲金融危机期间，泰国政府本可以通过允许其流通货币——泰铢自由下跌，来预先制止投资者的攻击。很明显，泰国经济正在衰退，泰国在劳动力成本上与中国以及其他亚洲邻居相比，处于竞争上的劣势，并且在经济繁荣发展的几年里，泰国已经完全是在过度建设了。为什么泰国不让市场自己来调整？当我们明确了泰铢贬值会损害到谁的利益时，答案也就不言自明了。社会上最依赖进口的是精英阶层，泰铢贬值会增加他们的生活成本。此外，泰国许多重要的企业和家族的负债都是以美元计价的。

泰国银行并不愿意让泰铢贬值，它还郑重声明会采取一切措施来保住泰铢。然而泰国银行犯下了致命的错误，因为它为保护泰铢而使用的金融工具，恰恰给予了投机者对其货币发起攻击所需要的机遇。在 1997 年初，泰国政府开始出售美元的期货合约，这些合约规定在未来不同时期以指定汇率交付美元。一时之间，投机者就拥有了大量的此类合同，这使他们有能力大规模卖空泰铢。

投机者大量卖空此类合同（他们将必须在未来的某个日期偿还同等规模的泰铢），他们认为，泰国政府将不得不使泰铢贬值，因为泰国没有足够的强势货币来履行合约规定的义务，然后投机者就可以用贬值后的泰铢重新买回这些合同，并赚取差价。

很明显，泰国不可能交付其中央银行发行的期货合同所许诺的数十亿美元。这一点众人皆知。唯一的不确定性是泰国是会违约，并让投机者和泰国经济一道陷入毁灭；还是会允许泰铢贬值。

我们很容易就能够看出事情的来龙去脉，正是贪婪和愚蠢制造了投资的机遇。我也曾从人性的这种缺陷中获利。正是因为铁路公司耻辱的破产史和不光彩的过去，密尔沃基铁路才能够为我带来很大一笔财富。对未来经济不现实的评估被拿来作为欧洲美元期权的投资参考，这反映了人类典型的认知偏差——人们没有意识到经济大环境已经改变，仍旧单纯地以为未来会是过去的重演。如果俄罗斯市场的确如我想象的那样有利可图，那也是因为投资者的眼光被近些年俄罗斯的历史所蒙蔽，看不出其中的投资前景。

在我人生的大部分阶段，我都不曾觉得自己富有。事实的确如此，只是在近几年我才能够完全摆脱债务。这乍看起来是一种虚伪的谦虚，但在过去的 5 年间，很多非常富有的投资者都只能眼睁睁地看着自己的财富消失于无形。你没有理由就认定，我能够逃过喜怒无常的命运。这命运曾让多少有权势者跌落马下。

一个有钱人对于自己的资金并没有太多的选择，要么将其用于投资，要么把它捐出去。在我的哲学里，我倾向于用长远的眼光来看待慈善事业。一般而言，我更愿意把钱用于追求一种概念或者一种思想。我曾捐钱给耶鲁大学的一位考古学家，他正在研究气候对于哈布尔河平原 (Habur Plain) 文明兴衰的影响。哈布尔河平原也就是现在的叙利亚。他的发现表明严重的干旱，而非内战或被侵略，毁灭了 4200 年前阿卡得人的文明。这一观点在考古学界颇有争议。我目前也在资助洛克菲勒研究所 (Rockefeller Institute) 和普林斯顿高等研究院合作的跨学科研究项目——传染病的数学建模。人们会把他们的思想介绍给我，但更多的时候都是我想到了一个问题，而我又想知道这个问题的答案，于是我就去说服一家学术机构来研究这个项目。

我的大部分慈善事业都倾向于支持考古学和艺术。我资助了以色列阿什克伦的发掘项目，因为我想知道发掘过去能够对现在产生什么样的影响。我们发掘的罗马拱门在罗马帝国崛起前的 1000 年就修建了，而这正是我们所希冀的那种惊喜。这一发现也凸显了非利士人文明的复杂性。劳伦斯·施塔格 (Lawrence Stager) 是哈佛大学的考古学家，从阿什克伦的发掘项目成立之初，施塔格就一直主管着这一项目。施塔格认为，迈锡尼希腊人 (Mycenaean Greeks) 曾在地中海的东部海岸建立王国，非利士人就是他们的分支。因为我们认识许多的考古学家，我们发现了考古行业的一个肮脏秘密：考古学家喜欢发掘，但他们并不总是公布结果，其中的一个原因就是缺乏资金。因此，我们在哈佛大学为考古成果出版设立了专项基金。在过去的几年中，我们资助了来自世界各地的学者。并且，这些学者出版的报告很多都是半个世纪前的发掘成果。

我同样认为艺术史的学生应该去实地观察他们正在研究的对象。为此，我在纽约大学的美术学院 (Institute of Fine Arts) 设立了一项资助计划。成功完成第一学年的学习任务的研究生将会获得一笔资金，他们可以在夏天到世界的任何地方继续他们在课堂上的研究。

我做慈善事业和做生意一样，喜欢支持个人而非机构。我在巴德大学设立利维经济研究所，也是出于支持一个人以及一种思想的目的。这种思想就是父亲预测利润方向和经济周期的那一整套理论；而这个人就是里昂·波特斯坦 (Leon Botstein)——巴德学院的院长。里昂是一位才华横溢而又见识不凡的人，我第一次见到他还是在 20 世纪 70 年代。利维研究所位于美丽的哈德逊河大厦内，学者们聚集于此，研究在 1912 年就让我父亲为之着迷的那些问题。研究所的目标是用自己的研究成果影响企业、劳工以及政府领导人，以解决我们这个时代最为紧迫的经济问题。

我第一次捐钱给巴德学院的时候，这所大学几近破产，若非我的帮助，它可能早已经就此消失了。现在，这所大学有了更好的金融基础。多年来，我已经向巴德学院累计捐赠了 1 亿美元。我之所以愿意资助这么一大笔钱，是因为我相信人文科学不仅非常重要，而且发展也迫在眉睫。即便是在华尔街这个竞争激烈的世界里，很多大名鼎鼎的人物也都受过人文科学的教育。艺术、思想、历史以及政治学的研究让学生们学会了享受生活、奉献社会。

THE MIND
OF
WALL STREET

第 13 章

时间的玫瑰

没有哪一套理论能够完美地阐明市场，未来也从来都不是过去的简单重复。2001 年，专家们不断为股市摇旗呐喊，他们宣称，根据以往的经验，在连续两次降息的 6 个月后，股市就会开始反弹。但如今已经是连续 11 次降息，并且过去一年了，可股票市场仍旧持续低迷。股市有它自己的生命脉搏，但是几十年的投资生涯还是促使我发展出了一种直觉，使我能够感知到股市和经济相互影响的方式。

　　近年来，我致力于将自己的思想和投资策略与父亲的工作建立起联系。我开始更加关注经济的发展方向，而非单只股票，因为股票市场的估价仍旧过高。我对经济状况的预测，不会让任何熟知我的人感到意外。我没有魔法师的水晶球，但是我相信我们正处于一次长期衰退的早期阶段，美元的价值将会下降。

　　任何关于未来的判断，都只是对于可能性的判断。而我觉得经济长期衰退和美元下跌的可能性非常之高——可以说有三分之二的概率。这个概率看起来也许并不足够高，但是世界是很复杂的，三分之二的概率明显比随机事件高太多了。当然，并不是只有我一个人有此看法，媒体报纸上有大量的文章都在质疑经济恢复的力度，同时也表达了对衰退二次探底的担忧。如果我猜对了，那也并不是因为我认清了诸如利率下调和经济活动此类事件间的关系，而是因为我父亲所描述的那种因果关系是正确的。

我的这一预测直接源自父亲的经济学理论，以及他对企业利润在经济发展中的作用的理解。尽管这些年股市已经发生了巨大的变化，但是民众的储蓄率以及企业投资资本货物的力度仍然在影响着利润，并且这和一百年前没有什么不同。如果债务负担以及对经济前景的忧虑使得净储蓄率上升至 6% ~ 10% 的历史平均水平，那么这个国家将会陷入困境。请相信这一点。我父亲观察到，如果储蓄率上升，企业利润就会下降。如今储蓄率每上升一个百分点，企业利润就会下降 750 亿美元。这不是简单的相关关系而是因果关系，它在一定程度上源于消费在美国经济中的巨大作用。美国企业一年的总利润大概是 6800 亿美元（繁荣时期曾达到过 8600 亿美元的峰值），储蓄率增长 1% 意味着企业利润削减了 11%。如果企业利润进一步下滑，储蓄率每增长 1% 对于企业利润的影响还会更大。目前，美国的储蓄率是 3% 左右，比近年来的最低值并没有高太多。一旦储蓄率上涨三个百分点，企业利润将会下滑 2250 亿美元，这对美国经济来说是巨大的冲击。

利润的下滑会导致投资的减少，同时也意味着更少的工作岗位和更多的失业。利润的减少也会压低股价，因为当前的股价仍旧内含着投资者殷切的期望，所以投资者必然会遭受极为不快的打击。如果这种情况持续下去，经济从衰退中恢复的势头可能会停下，或者房地产价格上涨的趋势被逆转，后者会对经济和消费者心理造成严重的不良影响，因为很多普通美国家庭的财富都与他们的房产价值息息相关。股市的下跌也会影响到养老基金，很多人可能因此无法领到他们所期望的退休金。

20 世纪 90 年代末，美国人经历了一次消费狂欢，这部分是由股市泡沫和房地产价格持续上涨所带来的财富幻觉引发的。美国人通过负债来为这场狂欢买单，在恣意消费的同时也透支了信用卡、欠下了房屋净值贷款 (Home Equity Loan)。美国人如今仍旧背负着这些债务，但是他们却再也不能心无挂碍地认定股市会为其纾困解难了。面对市场需求的疲软，雇主们将会竭力缩减开支，许多人都会因此而失去工作。这种种的可能性会使得消费者的热情逐渐冷却，每个人都会用更加现实的眼光来看待他们的财务状况。2002 年春天，穆迪投资者服务机构 (Moody's Investors Services) 的一项调查显示，21% 的受访者预期他们的收入在 6 个月后会有所增加。这一数字显著低于 1996 年到 2000 年间 25.7% 的平均值。2002 年的第一季度，每名工人的流动资产平均减少了 24%。美国人的财务状况撞上这样的惨淡现实，其结果就是储蓄率的上升和企业利润的下降。那些认为我们的经济正在恢复的人注定了是要失望的。

只有市场对美国产品的需求急剧增长，就像我们在二战期间所看到的那样，工厂才能够扩大产能，并招募新的劳动力。需求的提振将会对经济活动和消费者信心产生双重影响。

消费者可能仍旧处于非理性状态，但可以肯定的是，这种非理性状态不会永远地持续下去。事实上，他们已经消费了太多，现在根本找不到让需求上升的空间，所以刺激购买欲的措施也无从谈起。此外，世界几大主要经济体也都陷入了困境（日本可能显示出了复苏的迹象，但美国产品在日本市场的需求量并不大），几乎每个行业都有闲置产能。因此，即使需求突然出现，企业也没有增加资本支出的迫切需要。2002 年 1 月，政府给予了消费者 800 亿美元的税收优惠，这足以抵消储蓄率 1% 的上涨对企业利润的冲击。为交易减税将会增加企业利润，军费开支的增加又将为某些行业注入一针强心剂。

但是随着政府财政赤字的出现，国会不太可能会继续实行税收优惠政策。此外，军费开支也只能保持在目前的增速。企业家如果不能长时间看到产品需求的持续增长，他们也就不会开办新厂。如果消费者恢复过往的储蓄习惯，那么我们就会需要一个大规模的经济刺激计划，来抵消储蓄率上升所导致的 2250 亿美元的企业利润下滑。

储蓄率不过只是影响利润的一系列因素之一。贸易逆差同样也会让我们的未来蒙上一层阴影。很长一段时间以来，美国人对其他国家的石油和商品的进口，都远远超过了自己的出口额。除了 20 世纪 90 年代初的一段短暂插曲以外，美国自 1981 年起的对外贸易就一直处于逆差状态。90 年代中期以前，贸易逆差并没有对美国人的生活产生不利影响，因为那些卖我们商品的外国人都很乐意把他们挣到的美元放在美国投资，这让我们保持住了账面上的收支平衡，尽管美国人仍旧是买得多、卖得少。然而到了 90 年代中期，外国人拿走的美元就超过了他们在美国的投资，并且，在 2001 年底这一过程开始加速。

贸易逆差意味着外国人手中积累了大量的美元。他们通过投资美国资产、购买证券或者购买美国国债这些方式来持有美元。直到 2001 年之前，这些外国人在美国的投资都是盈利的。因为美元的持续升值，国外投资者在房地产、股票、债券和企业等投资中获取了更多的收益。如今，外国人持有了 2.2 万亿左右的美元，约占美国国内生产总值的 22%。这笔美元数额巨大，足以使外国

持有者成为主导我们国家经济命运的重要一员。就这一角度而言，我们的福祉
已经是取决于国外投资者的情绪了。不幸的是，那些将财富投资在美国的国外
投资者，似乎对美国经济的现状感到有些不安。

在刚刚过去的 2001 年，外国投资者还看到美国政府的预算盈余有在未来
10 年逐步扩大的趋势（对于持有美元的人来说这是一个好兆头），到了如今他
们看到的却是赤字恢复的态势。没有人再谈论清偿国债的问题，因为它太不切
实际了。那些曾经视美国为自由贸易和会计诚信捍卫者的投资者，现在看到的
却是一个强行征收钢铁关税的政府，和一系列被会计丑闻所撼动的巨头企业。
他们还看到了天文数字的私人债务，和不断恶化的企业资产负债表。

在我们视线所不及的地方潜伏着更为恐怖的洪水猛兽。海外，拥有廉价劳
动力的国家，如中国和印度正在加紧同美国竞争。国内，数以万亿美元计的金
融衍生品被几家大型金融机构所实质掌控。金融衍生品的危害我们曾亲眼所见，
当长期资本管理公司这样的聪明玩家在衍生品市场交上霉运的时候，整个金融
系统都会为之震颤。一旦不幸降临到政府扶持的巨型金融企业，如房利美(Fannie
Mae) 和房地美 (Freddie Mac) 的身上，许多大型金融机构都会随之遭殃。所有
这些观察到的结果，都只会让美元持有者更加惴惴不安。

此外，国外的美元持有者是一群久经世故之人。他们很清楚，美国的政治
家要谋求连任就必须发展好经济。他们也知道，当选的领导人为迎合选民甚至
会打出意识形态牌，保守的布什政府征收钢铁关税的决定，及时地提醒了可能
已将美国政治的这一基本事实遗忘了的人们。除了钢铁关税以外，政府所能给
予美国企业的最大礼物就是一个弱势的美元，外国投资者对此更是心知肚明。
美元的贬值有利于美国企业的出口业务。尽管美元贬值对于美国政府来说是一

个巨大的诱惑，但是此举可能不会取得实质的影响，因为其他国家也会随之降低本国货币的价值。

到了 2002 年春天，美元开始走弱。由于货币的涨跌往往比其他有价值物品的价格变化更慢，所以美元持续贬值而其他货币相应升值的可能性是存在的。

美元的贬值将会更多地由那些急于抛售美元的投资者推动，因为他们要更为恐慌。还有一些人会选择其他币种来保值。一系列的美元替代币种可能会升值，并且这种升值在某些方面是独立于影响其升降的正常因素的。例如，尽管日本经济仍旧负增长，但日元却可能走强。

然而，那些持有美元的人在抛售美元后，他们的钱又流向了哪里？日元？英镑？瑞士法郎？黄金？过了一段时间后，我才开始认真考虑欧元。从欧元计划公布的那天起，我就对其可行性深感怀疑，我觉得欧元的启动是因为欧洲老一代领导仍旧沉浸在世界大战的混乱中。在经历了两次毁灭性的世界大战后，对于政治的合理忧虑使得欧洲领导人混淆了一个明显的经济问题：比如，意大利或西班牙的总理被迫告诉自己的选民，他们必须忍受经济衰退期间的大规模失业，否则的话他们就会违反由德国、法国以及比利时官员推行的预算要求。这个时候欧元区会发生什么事情？或者说在这一事件中，欧共体会发生什么事情？毕竟，所有政治都是地方政治，我怀疑彼时国内的政治压力最终会宣判欧元的死亡。从长远来看，这是非常可能发生的，但就目前而言，欧元是美元切实可行的替代货币。

在 2002 年春天，我看到了美元下跌的种种迹象。欧元兑美元的汇率停止了下跌。欧元稳定了下来，并开始逐步上升，黄金价格也是如此（在不确定时期，黄金一直都是投资者的传统避难所，但自 20 世纪 80 年代到 2001 年秋季这段

第 13 章
时间的玫瑰

时间，贵金属的价格却是在稳步下跌）。日元和瑞士法郎兑美元的汇率也开始上涨。而日元升值的背景，却是国际信用评级机构下调了日本主权债务的评级。

时间将会证明，我对于美元和欧元的判断是否正确。事实上，即便我判断错的多，判断正确的少也没有关系，只要我在正确时期所使用的杠杆能够弥补我在犯错时的损失就可以了。至少，这是迄今为止我的投资取得成效的原因。统计学家可能并不认同这一做法，但是半个世纪以来，它一直都在为我带来成功。

对于那些在本书之中寻找致富秘籍的读者，我有一个坏消息，同时也有一个好消息要告诉你们。坏消息是这个世界不存在埋藏在悬崖深处的神功秘籍，只存在一些能够获得内部消息的有权势之人。而那些指导了我的投资的信息始终都是面向大众的。如果投资者将成功的金融家视为夏洛克·福尔摩斯 (Sherlock Holmes) 式的人物——也就是他们到处寻踪觅迹，以洞悉一只股票或是整个股市的未来走势——那么我更倾向于支持麦考夫·福尔摩斯 (Mycroft Holmes，《福尔摩斯探案集》中的一个虚构人物，夏洛克 · 福尔摩斯的哥哥。——编者注) 的做法，他只是坐在椅子上，琢磨由他弟弟觅得的线索，便能够获得答案。

正是因为人性的变幻莫测，金融投资更像是一种艺术而非精密科学。这也就是我所谓的好消息：如果投资是一种艺术，那么它就可以被掌握。练习同样也是非常重要的，你要勇于承认自己的不足，并尽可能避免重复同样的错误。如果你想要关注一只股票，最好的方法就是少量持有它；从业者总是会比教书的教授更在行，你必须让自己置身股市之内。

我的父亲觉得，华尔街上的人常常酬劳丰厚，但是他们的活动又大都无益于社会大众的福祉，所以他始终反对我投身华尔街。但不管怎样，我相信他也会很高兴看到，我选择了在市场中测试他的思想，并且他的思想经受住了无数次的挑战和半个世纪以来的风雨变迁。

　　如果说我比其他投资者有什么优势的话，那就是我有幸成为杰罗姆·利维的儿子。父亲并不把经济学视为一种赚钱的工具，他想要的是利用经济学来改善社会。但是在他尽己所能，完成自己工作的一百年后，我们的问题仍旧在继续。我们经历了一段管制放松期，也正是管制的放松导致了巨大的泡沫。政府要在我们的日常生活中扮演重要的角色，无论是税收政策、金融监管还是利率调整，这一点工商业界必须铭记。我们仍旧没有找到实现充分就业和保持贸易平衡的方法，除非我们能够改善这些问题，否则我们的经济困境就会持续下去。我们的国家将会很轻易便陷入经济和股市的震荡之中。我们甚至还会有属于自己的其他泡沫。

致 谢

本书得以问世，很大部分要归功于我的妻子谢尔比·怀特的坚持和努力工作。

我的哥哥杰伊继承了我父亲在经济学上的研究工作。本书的很大一部分内容，都浸润着他的聪明才智。

沃利·朔伊尔是我多年的合作伙伴。他的父亲朔伊尔在很多方面给予了我宝贵的指点。

我和杰克·纳什一起工作了半个世纪之久。没有杰克，就不会有奥本海默公司，也不会有书中提到的那么多的投资冒险故事。

在奥本海默基金成立的过程中，我和阿切尔·舍尔合作无间。没有阿切尔的努力，奥本海默基金不可能获得那么大的成功。

艾兹拉·墨金 (Ezra Merkin) 是我在华尔街遇到的最聪明的几个人之一。他从繁忙的日常工作中抽出时间阅读了本书的手稿。在一个由索取者和给予者所割裂的世界里，艾兹拉毫无疑问就是后者。

就其职业而言，哈达萨·布鲁克斯·摩根 (Hadassah Brooks Morgan) 是一位精神分析学家，但其实她是一位哲学家。她是我所认识的最有智慧的女性，曾给予我许多帮助。

在我刚刚开始写作时，杰拉尔丁·法布里坎特 (Geraldine Fabrikant) 就已经是本书的读者了，她鼓励我一定要坚持下去。如果没有了她的鼓舞，本书可能也就无法问世了。

南希·米尔福德 (Nancy Milford) 是我非常要好的一位朋友。她花费了大量的时间来审阅我的手稿，并和我一起为本书的写作寻找新的思路和方向。

此书还得益于我的经纪人埃斯特·纽伯格 (Esther Newberg) 的建议和鼓励。

尤金·林登是我写作此书的合作者。本书中许多直白、简明的部分都是由尤金完成的。尤金不仅是我的密友，还是一位一流的作家。他已经写作了许多本关于猿猴和其他动物的书籍，所以他无疑是书写华尔街的最佳人选。

马修·理查兹 (Matthew Richards) 和马可安德烈·皮金 (Marc-Andre Pigeon) 是来自巴德学院利维经济研究所的研究员。他们为本书的写作做了许多研究工作，这对我来说是无价之宝。

感谢我的编辑保罗·戈洛布 (Paul Golob)，祝愿他在未来的工作中能遇到更让他省心的客户。本书能够迅速完成，他居功至伟。

皮特·奥斯诺斯 (Peter Osnos) 是公共事务出版公司 (PublicAffairs) 的出版商，他非常优秀。皮特个性坚毅，困难往往只会让他更加斗志昂扬。在此，我要感谢他以及公共事务出版公司的全体员工对我的帮助。

里昂·波特斯坦不仅是巴德学院的院长，同时也是美国交响乐团 (American Symphony Orchestra) 的指挥家。他是我所见过的最忙碌也是最聪慧的人。他对

致谢

本书手稿的数次审读见证我们之间的伟大友谊，这一点我将终身难忘。

很多年前，在我开始筹备奥本海默基金时，我在证券交易委员会第一次见到了尤金·罗特伯格。当时我就觉得，他是我在证券交易委员会见到的最聪明的一个人，之后我也从来没有改变过这一看法。后来，他成为了世界银行的财务主管。他尽职敬业，应该成为所有官员的楷模。感谢他对我们这些投资者的善意，以及为我们所提供的帮助。

本书前言的作者阿兰·阿贝尔森是我在高中和大学时期的密友。如今50年过去了，我仍旧喜欢阅读他每周六的早晨在《巴伦周刊》上所写的专栏。他聪明、狡黠，而又不偏不倚。这是一种奇妙的个性组合。

尼娜·伯格 (Nina Berg) 一直打点着我的生意，没有了她，我可能早就迷失了。

我尤其要感谢我的女儿特蕾西以及我的女婿阿楚森，他们多次与我讨论本书的写作。因为他们，本来是件苦差事的写作变成了一件有趣的事情。

鲍勃·伦兹纳 (Bob Lenzner) 是我的一位特别的朋友，同时他也是一位杰出的记者。他的建议对我来说价值非凡。

同时也感谢阿曼达·瑞穆斯 (Amanda Remus)，她耐心地阅读了本书的手稿，并给出了见解深刻的评论。

大卫·利维是父亲经济学思想的第三代接班人。研究父亲的经济学思想正变得越来越重要，感谢命运赐予了我这么一个才华横溢的侄子。

最后，我要感谢唐纳德·斯皮罗为奥本海默基金所做的一切工作。没有了唐纳德，也许就不会有后来的奥本海默基金公司。

出版后记

2015 年的 A 股市场，至今让股民们心有余悸。上半年气势如虹，官媒说"4000 点只是牛市起点"，开户数井喷，看到 6000 点都算是保守的，看到 8000 点的有之，看到 10000 点的有之；下半年，情势急转直下，杠杆踩踏引发雪崩，千股跌停连续出现，政府数万亿资金救市，堪堪守住了爆发金融危机的底线。

老股民都认不清新形势了，感叹自己长了见识。面对癫狂的 A 股，华尔街笑而不语。本书就是华尔街的传奇、奥本海默基金公司的创始人——里昂·利维的自述，里昂·利维有超过 50 年的投资经验，经历过暴涨暴跌数都数不过来，从 1997 年的亚洲金融危机到新世纪初的互联网泡沫，在黑天鹅频出的资本市场，无数对手烟消云散，他不仅活了下来，还活成了一个传奇，一度和巴菲特齐名。

里昂·利维有两个挚爱，一个是股票市场，另一个则是心理学。他凭借家传的经济学原理以及自身对投资心理的深刻洞察，得以笑傲资本市场。这本书并没有教给你什么炒股的诀窍，事实上你应该对向你兜售投资秘诀的人保持警惕，作者只是把自己的亲身经历娓娓道来，用真实的故事把投资的逻辑一条条说清楚。这本书讲述了投资的逻辑，也帮助你认清自己是否适合炒股。愿你开卷有益，也祝你投资顺利。

图书在版编目（CIP）数据

股价为什么会上涨 /（美）利维，（美）林登著；萧达译.
—北京：群言出版社，2016.4
书名原文：The Mind of Wall Street
ISBN 978-7-5193-0082-1

Ⅰ.①股…　Ⅱ.①利…②林…③萧…　Ⅲ.①金融市场—研究—美国
Ⅳ.① F837.125

中国版本图书馆 CIP 数据核字（2016）第 073457 号

THE MIND OF WALL STREET
Copyright © 2002 by Leon Levy
Simplified Chinese translation copyright © 2016
by Ginkgo(Beijing)Book Co.,Ltd.
Published by arrangement with PublicAffairs,an imprint of Perseus Books
a division of PBG Publishing, LLC,
a subsidiary of Hachette Book Group, Inc.
through Bardon-Chinese Media Agency
ALL RIGHTS RESERVED.

版权登记号：01-2016-2869

股价为什么会上涨

责任编辑：侯 莹　金 朝
封面设计：张静涵

出版发行：群言出版社
社　　址：北京市东城区东厂胡同北巷1号（100006）
网　　址：www.qypublish.com
自营网店：https://qycbs.tmall.com（天猫旗舰店）
　　　　　　http://qycbs.shop.kongfz.com（孔夫子旧书网）
　　　　　　http://www.qypublish.com（群言出版社官网）
电子信箱：qunyancbs@126.com
联系电话：010-65267783　65263836
经　　销：全国新华书店
法律顾问：北京天驰君泰律师事务所

印　　刷：北京京都六环印刷厂
版　　次：2016年8月第1版 2016年8月第1次印刷
开　　本：690mm×960mm　1/16
印　　张：15
字　　数：160千字
书　　号：ISBN 978-7-5193-0082-1
定　　价：42.00 元